V&R

Kirche und Milieu

Band 1

Herausgegeben von
Heinzpeter Hempelmann und Markus Weimer

in Verbindung mit Ulrich Heckel, Matthias Kreplin,
Benjamin Schließer und Corinna Schubert

Heinzpeter Hempelmann /
Benjamin Schließer / Corinna Schubert /
Markus Weimer

Handbuch Taufe

Impulse für eine milieusensible Taufpraxis

Mit einem Geleitwort von
Ulrich Heckel und Matthias Kreplin

2. Auflage

Vandenhoeck & Ruprecht

Bibliografische Information der Deutschen Nationalbibliothek:
Die Deutsche Nationalbibliothek verzeichnet diese Publikation in der Deutschen Nationalbibliografie; detaillierte bibliografische Daten sind im Internet über https://dnb.de abrufbar.

Umschlaggestaltung: SchwabScantechnik, Göttingen
Umschlagabbildung: Cap Cool/Flaticon.com. Dieses Cover wurde unter Verwendung von Ressourcen von Flaticon.com erstellt.
DTP: Dorothee Schönau
Druck und Bindung: CPI books GmbH, Eberhard-Finck-Straße 61, D-89075 Ulm
Printed in the EU

Vandenhoeck & Ruprecht Verlage | www.vandenhoeck-ruprecht-verlage.com

ISSN 2567-9406
ISBN 978-3-525-50500-7

Geleitwort

Wir freuen uns, dass mit diesem ersten Band in der neu gegründeten Reihe KIRCHE UND MILIEU eine Arbeitshilfe vorliegt, mit der Erkenntnisse der empirischen Milieuforschung für die praktische Arbeit in der Kirche nutzbar gemacht werden. Nicht zufällig erwies sich dabei das Thema »Taufe« als plausibler Ausgangspunkt. Zeigt sich doch seit einigen Jahrzehnten, dass gerade dieses Sakrament der Zugehörigkeit zum Leib Christi und zur Kirche eine Gestaltung erfordert, die möglichst intensiv an die besondere Situation des Täuflings und seiner Familie anknüpft. Die Milieutheorie kann dabei helfen, die zunehmende Ausdifferenzierung der Gesellschaft und damit auch die besondere Situation von Tauffamilien wahrzunehmen und sich bei der Vorbereitung und Gestaltung der Taufe besser darauf einzustellen. Dabei besteht eine besondere Chance darin, die Erwartungen der Tauffamilien mit den verschiedenen Bedeutungsaspekten von Taufe so miteinander ins Gespräch zu bringen, dass deutlich wird: Die Taufe ist Gottes gutes Handeln an Menschen – ungeachtet ihrer Milieuzugehörigkeit.

Dieser Band verdankt seine Entstehung einer Initiative des Netzwerks *churchconvention* – einem Zusammenschluss jüngerer Pfarrerinnen und Pfarrer und Theologie Studierender, denen es besonders daran gelegen ist, kirchlichem Handeln eine missionarische und zugleich zeitgemäße Ausrichtung zu geben. Aufgegriffen und kräftig unterstützt wurde diese Initiative von Prof. Dr. Heinzpeter Hempelmann, der auch die badische und württembergische Landeskirche in Fragen der Milieutheorie und ihrer Adaption für kirchliches Handeln berät. Den Autorinnen und Autoren dieses Bandes sei an dieser Stelle herzlich gedankt für die umfangreiche Arbeit, die zu leisten war. Gerne unterstützen unsere beiden Landeskirchen die Herausgabe dieses Bandes. Führt er doch wichtige Anliegen fort, welche die Evangelische Landeskirche in Baden dazu veranlasste, 2011 das Jahr der Taufe auszurufen, und die Evangelische Landeskirche in Württemberg zu dem seit 2008 laufenden Taufkonsultationsprozess führte.

In der Reihe KIRCHE UND MILIEU sollen auch zukünftig praxisorientierte Arbeitshilfen erscheinen, welche die Milieuforschung für verschiedene kirchliche Handlungsfelder fruchtbar machen. Dabei ist uns wichtig, dass wir hierbei noch nicht letztgültige Antworten formulieren können. Die Milieubrille ist keine Agende und keine unmittelbar umsetzbare Arbeitshilfe. Sie lehrt uns sehen, was Menschen denken. Die eigentliche Arbeit, die theologische und liturgische

Umsetzung ist erst von den Leserinnen und Lesern zu leisten. Sie müssen in ihren Kirchen und Gemeinden konkret werden lassen, was die Milieutheorie vor Augen stellt. Mancher Neuansatz, der so entsteht, stellt auch bisherige Praxis in Frage. Dabei bleiben die die gültigen Ordnungen der Kirche weiterhin begrenzender Rahmen. In ihnen finden theologische Reflexion und praktische Erfahrungen ihren Niederschlag. Von diesem Grundkonsens lebt die Gemeinschaft der Gläubigen.

Erwartungen und Sehnsüchte der Menschen sind unterschiedlich. Dies lässt sich auch unter Milieugesichtspunkten deutlich zeigen. Dieses Buch gibt hierfür aus allen Milieus vielfache Beispiele. Demgegenüber ist die Taufe aber nicht eine reine Privatangelegenheit. Sie ist (auch) die Aufnahme des Getauften in den Leib Christi und in eine konkrete Kirche. Jede dieser Kirchen, ob Evangelische Landeskirche, ob Römisch-Katholische Kirche, Freikirche oder eine andere Konfession hat ihre eigenen Traditionen. Die jeweils eigene Tradition spiegelt sich auch in den Ordnungen wider. Diese Ordnungen verdanken sich der geronnenen Lebens- und Glaubenserfahrung einer Glaubensgemeinschaft. Sie sind zumeist auch durch den »Souverän« der jeweiligen Kirche approbiert, eine demokratisch gewählte Synode, die Gemeindeversammlung oder das Lehramt. Daher sind sie in jedem Fall zu beachten und einzuhalten. Es ist eine spannende und lohnende Aufgaben, die Erwartungen und Milieuspezifika miteinander ins Gespräch zu bringen und zusammen mit den Täuflingen und/oder deren Familien eine Form zu finden, die der Ordnung entspricht und gleichzeitig von allen Beteiligten als lebensbejahend und mutspendend erfahren wird.

Wir freuen uns sehr, dass es zwischen unseren Landeskirchen zu einer festen Verabredung gekommen ist, diese Arbeit weiterhin gemeinsam anzugehen. Wir hoffen, dass wir so einen Beitrag dazu leisten, dass es unseren Kirchen in der Kommunikation des Evangeliums noch besser gelingt, »den Juden ein Jude und den Heiden ein Heide« (vgl. 1Kor 9,20–23) zu werden und so »durch Predigt und Sakrament die Botschaft von der freien Gnade Gottes auszurichten an alles Volk« (Barmen VI).

Für die Evangelische Landeskirche in Baden

Oberkirchenrat Dr. Matthias Kreplin

Für die Evangelische Landeskirche in Württemberg

Oberkirchenrat Prof. Dr. Ulrich Heckel

Vorwort

Die Milieutheorie ist derzeit in aller Munde. Auch die Kirchen machen sich dieses kulturhermeneutische Instrument zunutze, um die Einstellungen der verschiedenen Milieus zu religiösen Fragen zu typisieren und sich gezielt mit den milieuspezifischen Haltungen auseinanderzusetzen. Die Evangelische Kirche in Baden (EKiBa) und die Evangelische Landeskirche in Württemberg (ELKWü) haben die gemeinsame Sinus-Studie »Evangelisch in Baden-Württemberg« in Auftrag gegeben, deren wichtigste Ergebnisse im Herbst 2012 vorgestellt wurden.[1]

Wie lässt sich ein zunächst deskriptiv arbeitendes Analyseinstrument für die Praxis fruchtbar machen? Dieser Frage stellt sich dieses Handbuch und nimmt dabei einen Kernbereich kirchlichen Handelns in den Blick: die Taufe. Nehmen wir als »Kirche« die Bandbreite und Verschiedenheit der Milieus, die uns im Rahmen der Taufe (noch) begegnen, differenziert wahr? Sind wir in der Lage, die Lebenswelten von Tauffamilien einzuordnen, ihre Wünsche, Vorbehalte und Empfindungen zu verstehen und sie mit zentralen Aussagen des evangelischen Glaubens in Berührung zu bringen? Wie können wir den gesamten Prozess der Taufe milieudifferenziert gemeinsam mit der Tauffamilie gestalten, und wie gelingt es, Rahmenbedingungen zu schaffen, damit die Getauften und die Tauffamilien immer wieder neu vom Geheimnis des Glaubens berührt werden?

Das Ziel unseres Buches ist es, kirchliches Taufhandeln milieutheoretisch zu reflektieren (Teil A) und davon ausgehend Anregungen für ein milieusensibles Taufhandeln zu geben (Teil B). Wir wenden uns primär an Pfarrerinnen und Pfarrer[2] sowie an Ehrenamtliche, die mit der Sehhilfe der Milieuforschung konstruktiv arbeiten und die Taufkasualie in ihrer Gemeinde lebensweltspezifisch gestalten wollen. Die Ausführungen stehen dabei im Horizont der volkskirchlichen Realität, in der sich die Taufe nach wie vor auch bei »kirchenfernen« Milieus großer Beliebtheit erfreut. Im Vordergrund steht die Säuglingstaufe, doch auch die Taufe erwachsener Menschen ist im Blick.

Das Buchprojekt durchlief mehrere Phasen und verdankt seinen Abschluss vielfältiger Mitarbeit und Unterstützung, für die wir sehr dankbar sind. Im Herbst 2010 veranstaltete das Netzwerk *churchconvention* ein Symposium zum Thema »milieusensibel taufen«. Heinzpeter Hempelmann stellte dort seine Überlegungen zur Frage »Kirche und Milieus« vor und spitzte sie auf die kirchliche Taufpraxis zu. In verschiedenen Arbeitsgruppen beschäftigten sich

[1] Wir danken an dieser Stelle dem Sinus-Institut, das uns freundlicherweise die geschützte »Kartoffelgrafik« kostenfrei für den Abdruck zur Verfügung gestellt hat (S. 151).

[2] Zugunsten der besseren Lesbarkeit verwenden wir im Lauf des Buches abwechselnd die männliche und die weibliche Berufsbezeichnung, wenngleich nicht schematisch.

die Teilnehmerinnen und Teilnehmer mit den Chancen und Grenzen dieses Zugangs im Kontext der Gemeindearbeit vor Ort. Seine Ausführungen hat Heinzpeter Hempelmann auf einer Reihe von Pfarrkonventen der Badischen und Württembergischen Landeskirchen weiter zur Diskussion gestellt und nun im Teil A dokumentiert. Die Ergebnisse der Arbeitsgruppen bilden das Gerüst von Teil B. Unser Dank gilt allen, die sich in diesem Stadium des Projekts auf vielfältige Weise eingebracht haben.

Vorwort zur 2. Auflage

Der 2013 erschienene Band, mit dem wir Impulse für ein milieusensibles Taufhandeln geben wollten, hat eine so positive Aufnahme[a] gefunden, dass der Verlag jetzt – nach 10 Jahren – anregt, eine zweite Auflage zu drucken, um das Taufmanual weiter lieferbar zu haben. Was vor 10 Jahren noch begründet werden musste – siehe das kirchenleitende Vorwort –, versteht sich heute von selbst und hat hochoffiziell Eingang in die neue Taufagende der Evangelischen Landeskirche in Württemberg gefunden.[b]

Das Handbuch Taufe war seinerzeit ein erster Versuchsballon, mit dem wir als Freundeskreis den praktischen Nutzen der Milieuperspektive[c] für kirchliche Handlungsfelder wissenschaftlich verantwortet und zugleich praktisch formatiert evident machen wollten. Inzwischen sind drei weitere von uns gemeinsam verantwortete Bände in der Reihe »Kirche und Milieu«"[d] erschienen, bis auf den letzten schon in zweiter Auflage.

In Planung ist ein fünfter Band zu einem kirchlichen Handlungsfeld, dem für die Verankerung der evangelischen Kirche in der Gesellschaft eine besondere Bedeutung zukommt: Konfirmation und jugendliche Lebenswelten. Die Vorbereitungen sind so weit gediehen, dass wir hoffen, ihn noch in 2024 präsentieren zu können.

Heinzpeter Hempelmann, Benjamin Schließer, Corinna Schubert, Markus Weimer

[a] Von den zahlreichen in wissenschaftlichen Organen oder gemeindenahen Zeitschriften evangelisch-lutherischer, katholischer, reformierter und evangelikaler Provenienz erschienenen Rezensionen nennen wir nur: Frank Reintgen: Anzeiger für die Seelsorge, 3 (2014), 41f.; Judith Kubitscheck: Taufe im Schwimmbad oder bei Kerzenschein – Theologen sprechen sich für eine flexible Taufpraxis aus, epd 8.8.2014; Fritz Röcker: Theologische Beiträge 45 (2014), 69f.; Stephan Bierri: Taufe à la carte. Taufe in unterschiedlichen Lebenswelten, reformierte presse 6. Juni 2014 (Nr. 23), 13; Christian Grethlein: Liturgie und Kultur (2014), 73f.; Helge Stadelmann, Jahrbuch für evangelikale Theologie 28 (2014), 344-347; Franziska Beetschen, ThLZ 140 (2015), 868–870; Markus Dobstadt: Live im Internet. Wie die Taufe milieusensibel gestaltet werden kann: publik-forum 5 (2015), 30; Florian Kluger: Milieusensibel feiern. Impulse aus der evangelischen theologischen Forschung, Gottesdienst 14/15 (2018), 167.

[b] Vgl. S. 36f. unter »10. Milieugesichtspunkte«.

[c] Im Oktober 2021 hat das SINUS®-Institut ein neues, aktualisiertes Milieu-Modell veröffentlicht. Das von uns herangezogene Milieumodell ist aber trotz einiger Änderungen weiterhin in Gebrauch und sinnvoll zu verwenden. Für weitere Informationen vgl. das vom SINUS®-Institut in Zusammenarbeit mit Hp. Hempelmann erarbeitete »Informationspaket ›Religiöse Kommunikation‹«, Heidelberg/Berlin 2022.

[d] Auf dem Weg zu einer milieusensiblen Kirche: Die SINUS-Studie »Evangelisch in Baden und Württemberg« und Ihre Konsequenzen für kirchliche Handlungsfelder, Göttingen 2015, 2. Aufl. 2019 (KuM II; zus. mit Dan Peter und Ulrich Heckel); Handbuch Bestattung, Göttingen 2015, 2. durchgeseh. Aufl. 2019 (KuM III); Handbuch Milieusensible Kommunikation des Evangeliums: Reflexionen, Dimensionen, praktische Umsetzungen, Göttingen 2019 (KuM IV).

Inhalt

Teil A: Auf dem Weg zu einer milieusensiblen Taufpraxis

a) Worum geht es?

Wir haben einen Termin für ein Taufgespräch vereinbart, und wir kommen in eine Villa, werden in ein Wohnzimmer geführt, dessen Einrichtung den Wert des eigenen Jahresgehalts hat, soweit wir das überhaupt beurteilen können. Wir sind unwillkürlich eingeschüchtert oder auch ärgerlich: Darf man, muss man so viel Geld für sich ausgeben? Wir spüren, wir sind blockiert. Das ist nicht unsere Welt.

Wir kommen durch einen Flur, dessen Zustand nur eines signalisiert: Die ordnende Kraft ist offenbar überfordert. Wir betreten einen Allzweckraum, in dem vor allem eines auffällt: ein riesiger Flachbildschirm, der auch noch laut läuft. Die stillende Mutter fordert uns mit einer Handbewegung auf, doch »irgendwo« Platz zu nehmen, denkt aber gar nicht daran, den Fernseher leiser zu machen. Wir können uns nicht sprachlich artikulieren und fühlen uns hilflos. Soll man darum bitten, das Ding leiser zu machen, oder es gar selber tun? Aber wäre das nicht übergriffig?

Wir kommen in die gute Stube. Man hat uns erwartet und die Begegnung vorbereitet. Der »Herr Pfarrer« wird an einen gedeckten Tisch gebeten. Zwei Generationen sind vertreten, die noch jungen Eltern und die Großmutter, die schnell die Regie übernimmt. Von beiden »Parteien« kommen sehr unterschiedliche, auch widersprüchliche Signale. Wir merken rasch: Das wird schwierig. Wer hat hier das Sagen? Wie können wir in Ruhe mit den Eltern reden? Aber gehört die Oma nicht offenbar dazu? War sie es nicht, die mit uns Kontakt aufgenommen hat, damit ihr Enkel getauft wird?

Das sind nur drei Beispiele von sehr unterschiedlichen, zugegebenermaßen extremen, aber nicht seltenen Begegnungen. Immer wieder geraten wir beim Vollzug von kirchlichem Handeln in solche Situationen hinein.

Die pfarramtliche Praxis zeigt: Wir machen gegensätzliche, teilweise nur schlecht standardisierbare Erfahrungen, wenn wir Tauffamilien begegnen. Kann die Milieubrille eine Hilfe sein, diese Erfahrungen zu deuten und zu differenzieren? Und kann umgekehrt die Milieuperspektive auch dabei helfen, sich auf diese ja teilweise irritierenden und herausfordernden Begegnungen anders vorzubereiten und einzustellen? Das sind die Hauptfragen, die uns in diesem »Handbuch Taufe« beschäftigen.

Der erste Teil, Teil A: »Auf dem Weg zu einer milieusensiblen Taufpraxis«, versucht eine theoretische Grundlegung. Der Teil B ist direkt für die Praxis gedacht und bietet »Impulse für eine milieusensible Taufpraxis«. In diesem ersten Teil erwarten Sie

- ein Überblick über die 10 Sinus-Milieus und ihre jeweilige Haltung zu Kirche und Pfarrer,
- einige Bemerkungen zu einem verantwortlichen Umgang mit dem Milieu-Modell,
- ein Hinweis darauf, was die Milieubrille leisten kann, wenn man eigene Erfahrungen mit ihrer Hilfe deutet,
- einige Überlegungen zu Konsequenzen für unser Taufhandeln.

b) Worauf ist bei der Arbeit mit der Milieuperspektive zu achten? Einige vorsorgliche Bemerkungen[3]

Die Arbeit mit dem Sinus-Milieu-Modell wird in evangelischen Kirchen einerseits enthusiastisch begrüßt und befürwortet, andererseits ebenso energisch verworfen und abgewehrt. Vielleicht können die folgenden Hinweise zu einem angemessenen Umgang helfen.

1. Warum das Sinus-Milieu-Modell?

Wir arbeiten in diesem Taufhandbuch mit dem Milieu-Modell von Sinus. Ansätze zur Erforschung der Lebenswelt gibt es viele. Sie alle sind nützlich, wenn es sich darum handelt, sich zu vergegenwärtigen, wie unterschiedlich Menschen »ticken« und wie die jeweilige Lebensweltlogik aussieht, die ihr Denken und Handeln, ihr Reden und ihr Verhalten bestimmt. Eine Beschränkung auf den Ansatz des Heidelberger Instituts ist nicht sinnvoll.[4] Wenn in diesem Jahr die Ergebnisse der Fünften Kirchenmitgliedschaftsuntersuchung der EKD (KMU) veröffentlicht werden, wird es genauso wichtig sein, auch die dort gewonnenen Erkenntnisse zu verarbeiten.

Wir haben uns in diesem Band für das Sinus-Milieu-Modell entschieden, weil es z.Zt. Vorteile bringt, mit diesem Ansatz zu arbeiten:

- Das Sinus-Institut hat insgesamt mindestens sieben Kirchenstudien durchgeführt, nicht nur für die katholische Kirche, sondern auch für den protestantischen Bereich. Wir treffen hier auf einen überragenden Erfahrungsschatz.

3 Vgl. zum folgenden Abschnitt die ausführlicheren Erörterungen in Heinzpeter Hempelmann, *Gott im Milieu. Wie Sinusstudien der Kirche helfen können, Menschen zu erreichen*, Gießen 2. Aufl. 2013.

4 Wenn daher im Folgenden von der Milieubrille, dem Milieu-Modell u.ä. die Rede und der Sinus-Ansatz gemeint ist, dann hat das zwar einerseits seine dargelegten Sachgründe. Andererseits ist es nicht zu verstehen im Sinne einer Monopolisierung dieses Ansatzes. Wer sich weitergehend mit dem Ansatz von Sinus auseinandersetzen und diesen mit anderen Zugängen zur Lebensweltforschung vergleichen will, sei verwiesen auf das Kapitel »Risiken und Nebenwirkungen« in: Hempelmann, *Gott im Milieu*.

- Mit dem Sinus-Milieu-Modell sind wir aktuell. Eine letzte Generalüberholung des Ansatzes hat im Jahr 2010 stattgefunden. Die Architektur des Ganzen wurde beibehalten, es sind aber völlig neue Milieus gebildet worden.[5] Die Vierte Kirchenmitgliedschaftsuntersuchung der EKD (KMU IV), die bis 2012 allein verfügbar war, ist von ihrem Datenbestand her fast ein Jahrzehnt älter. Das Sinus-Modell von 2010 berücksichtigt die radikalen gesellschaftlichen Wandlungen des letzten Jahrzehnts.
- Das Lebensstilmodell arbeitet mit sechs Typen, das Sinus-Milieu-Modell unterscheidet 10 Lebenswelten,[6] bei genauerem Hinsehen sogar 13.[7] Das Sinus-Milieu-Modell erlaubt so einen differenzierteren, präziseren Zugriff. Es berücksichtigt zudem beide Dimensionen: mentale Orientierung und soziale Lage.
- Ein letzter, oft übersehener Gesichtspunkt ist: Da das Sinus-Institut eine große Anzahl von Studien zu verwandten Gesichtspunkten durchgeführt hat, sind wir mit der Anwendung dieses Modells anschlussfähig und können die Erkenntnisse dieses Ansatzes ebenfalls integrieren. So existieren Studien zu Migranten, zum Bild der Geschlechter, der Rolle der Eltern, Erziehung, Schule und Jugend – mithin alles Themen, die von Bedeutung sein können.

Es ist also sinnvoll, sich auf dieses Modell einzulassen, ohne dass wir uns auf seinen Ansatz beschränken müssten.[8]

2. Was kann Sozialwissenschaft beitragen für das kirchliche Kasualhandeln?

Die Skepsis ist vor allem bei denen groß, die Sorge haben, dass Theologie durch den Import von Methoden aus anderen Wissenschaften dominiert wird. Das hat

5 Auch da, wo Milieus dem Namen nach beibehalten worden sind, haben sie sich verschoben und ihr Profil schon dadurch verändert, dass sie zu neuen Milieus ins Verhältnis gesetzt worden sind. Das Milieu-Modell ist ja auch ein Beziehungsmodell, das Konstellationen beschreibt.

6 »Lebenswelt« ist ein Zentralbegriff der modernen Sozialphilosophie wie auch der Soziologie. Im Ursprung, in Aufnahme von Elementen der Phänomenologie Edmund Husserls kritisch gegen die Verengungen durch ein positivistisches Wissenschafts- und Weltverständnis gewendet, meint er positiv den Versuch, das alltäglich Evidente, die unmittelbar gegebene Erfahrung zu würdigen, zum Gegenstand und zur Quelle ernsthafter Wissenschaft zu machen. Jürgen Habermas gliedert den Begriff der Lebenswelt auf in die drei Größen Kultur, Gesellschaft und Persönlichkeit, um einer Verengung auf das Subjekt zu entgehen (vgl. Jürgen Habermas, *Der philosophische Diskurs der Moderne. 12 Vorlesungen*, Frankfurt 1988, 348ff.; ders., *Theorie des kommunikativen Handelns*, Bd. 2: *Zur Kritik der funktionalistischen Vernunft*, Frankfurt 1981, 201–210). Im Folgenden wird der Begriff im Wechsel mit »Milieu« zur Kennzeichnung der spezifischen sozialen Realität einer Gruppe von Menschen benutzt, die sich – positiv – durch ein Merkmalsprofil und – negativ – durch Distinktionsgrenzen von anderen Gruppen unterscheiden und von ihnen abgrenzen.

7 Bei drei Milieus werden Subdifferenzierungen eingeführt.

8 Auch die Auswertung der KMU IV hat ja schon die Kasualpraxis unter dem Gesichtspunkt der Lebensstile betrachtet. Die Fragestellung ist also nicht neu. Vgl. Wolfgang Huber, Johannes Friedrich und Peter Steinacker (Hg.), *Kirche in der Vielfalt ihrer Lebensbezüge. Die vierte EKD-Erhebung über Kirchenmitgliedschaft*, Gütersloh 2006; dazu die zusammenfassende Darstellung bei Christian Albrecht, *Kasualtheorie. Geschichte, Bedeutung und Gestaltung kirchlicher Amtshandlungen*, Tübingen 2006, 169–179.

ja gerade die Praktische Theologie im Bereich der Seelsorge als teilweise Überfremdung erfahren müssen. Deshalb wird man tatsächlich bei der Rezeption der Perspektive der neueren Sozialwissenschaft als Lebensweltwissenschaft genau fragen müssen, was man tut, wenn man sich auf diesen Blickwinkel einlässt. Folgendes ist dabei zu beachten:

- Sozialwissenschaft ist nicht Theologie, und sie ersetzt nicht Theologie.
- Sie kann eine hilfreiche Brille sein, die uns aber die Mühe der theologischen Definition unseres Gegenstandes nicht abnimmt. Milieudifferenzierte Perspektive auf unser Taufhandeln kann nie und nimmer die Frage beantworten, was denn Taufe ist, was *noch* Taufe ist und was schon *nicht mehr* Taufe ist. Aber sie kann uns helfen und anregen, genau diese Frage zu stellen und dabei zu Einsichten zu kommen, die öffnen können und zu Differenzierungen helfen.
- Sozialwissenschaft will beschreiben; empirische Sozialwissenschaft hat nur einen deskriptiven Anspruch.[9] Sie formuliert nicht normativ, was wir zu tun haben.[10] Die Befunde nehmen uns eine eigenständige theologische Stellungnahme und Entscheidung nicht ab. Sozialwissenschaftliche Analyse deckt auf, dass bestimmte innerkirchliche Selbstverständlichkeiten für Menschen am Rande oder außerhalb des ortsgemeindlichen Lebens nicht oder nur schwer nachvollziehbar sind.[11] Wir müssen dann selber entscheiden, ob wir diese Hürden für identitätsbildend halten und nicht schleifen dürfen oder ob hier nur eine Milieuprägung kirchlichen Lebens auf andere Milieus exkludierend wirkt.

9 Wie die beiden Positivismusstreite in der Soziologie (zu Beginn des 20. Jahrhunderts um Max Weber, in der Mitte der 70er und 80er Jahre des letzten Jahrhunderts um Karl Popper, Hans Albert, Jürgen Habermas und Albrecht Wellmer) zeigen, ist das selber eine eher normative als deskriptive Aussage. Der *Anspruch* ist, die soziale Realität nur zu *beschreiben*. Die wissenschaftstheoretische Analyse zeigt freilich, dass ja schon in die Beschreibung Theoriekonzepte eingehen, die selber durch ihre spezifischen Gegenstandskonstitutionen »Bedeutungen« erzeugen, die sich alles andere als von selbst verstehen. So wird es ja ein großer Unterschied sein, ob ich eine gesellschaftliche Realität unter Voraussetzung einer (neo-)marxistischen oder (liberal-) kapitalistischen Theorie analysiere. Wir bekommen also nie eine bloße Beschreibung *der* sozialen Wirklichkeit. Und je nach Ansatz legen sich auch unterschiedliche Konsequenzen nahe. Im Hinblick auf das Sinus-Modell war von Anfang an ein sozialemanzipativer Ansatz leitend (vgl. Bodo Flaig, Thomas Meyer und Jörg Uelzhöffer, *Alltagsästhetik und politische Kultur. Zur ästhetischen Dimension politischer Bildung und politischer Kommunikation*, Bonn 3. Aufl. 1997) – und das gilt bis heute (vgl. etwa die Sinus-Jugendstudien).

10 Wenn eine Milieuanalyse erkennen lässt, dass sich die Fragmentierung der Gesellschaft auch in den Volkskirchen fortsetzt, ist das *eo ipso* kein Urteil über die theologische Einheit der Gemeinde, fordert aber dazu heraus, ekklesiologische Grundsätze und sozialwissenschaftliche Analyse in ein differenziertes Verhältnis zueinander zu setzen. Was bedeutet die Milieusegmentierung in der Kirche für die Kirche? Was für Konsequenzen wollen wir aus ihr ziehen?

11 *Nota bene*: Schon die Wahl eine Analyseansatzes, der dezidiert auf soziale Unterschiede abhebt, brockt uns diese Ergebnisse ein. Man kann natürlich auch kirchensoziologische Instrumente wählen, die nur die Einheit des Kirchenvolkes erkennen lassen. Die spezifische Gegenstandskonstitution erzeugt zwar nicht die Ergebnisse (im Sinne eines radikalen Konstruktivismus), aber sie lässt eben Sachverhalte erkennen, die – ohne diese Brille – sonst nicht erkennbar wären.

- Die Milieubrille ist Sehhilfe, nicht mehr und nicht weniger. Sie ist kein Hebel zur Umgestaltung der Kirche. Sie ersetzt nicht die konkrete Zuwendung zum Menschen. Sie ist zwar methodisch »inkarnational«, d.h. sie denkt nicht *über*, sondern denkt von den Menschen und ihrem Selbstverständnis und ihrer Phänomenologie her. Sie bildet ihre Begriffe nicht abstrakt, sondern lässt die »Gegenstände« selbst reden. Sie bahnt damit das Hineingehen in die Lebenswelten aber höchstens an. Der kognitive Vorgang ersetzt nicht die reale Zuwendung, das realisierte Inter-esse: Dabei-sein, Dazwischen-sein.
- Insofern ist also Ideologisierung und Glorifizierung des Milieu-*tools* nicht nur unangemessen, sondern sogar kontraproduktiv. Die bloße Analyse der Lebenswelten, die keine oder kaum Berührung mit dem kirchengemeindlichen Leben vor Ort haben, ist nicht als solche schon Kommunikation des Evangeliums. Aber die Mit-Teilung des Evangeliums sollten wir nicht versuchen, ohne auf diese milieutheoretischen Einsichten zurückzugreifen. Wir gewinnen hier Einsichten in die Lebenswelten von Menschen, deren Bedeutung für eine zielgruppenorientierte Kommunikation kaum überschätzt werden kann. Das alles bedeutet freilich nicht, dass wir diese Kommunikation *machen* könnten; dass Lebensweltanalyse und milieusensibles Handeln quasi einen Universalschlüssel an die Hand gäben, der uns alles aufschließt und alle Hindernisse beseitigt.

3. Besteht nicht die Gefahr, dass wir das Evangelium anpassen, nur »um es den Leuten recht zu machen«?[12]

Diese Gefahr besteht tatsächlich, aber sie erledigt nicht das Anliegen, das Evangelium, auch in Form des Wortzeichens Taufe, zu den Menschen zu bringen, in ihre Lebenswelt, so dass sie es verstehen können und dass es zu ihnen passt und damit »ihres« werden kann. Zu beachten ist:

- Passung und Anpassung sind zu unterscheiden. Vielleicht hilft ein Bild weiter: Ein Stecker muss in die Steckdose passen, er ist aber nicht selber Steckdose und darf nicht zur Steckdose werden, sonst passt er nicht und verliert seine Funktion. Damit Menschen das Evangelium verstehen und dieses sich in ihrem Leben auswirken kann, muss es sie erst erreichen, Teil ihrer Lebenswelt werden.
- Missionstheologisch gesprochen handelt es sich um den Vorgang der Kontextualisierung in Lebenswelten, für die das Evangelium bis dato fremd ist. Kontextualisierung bedeutet aber keineswegs, dass das Evangelium einfach in das entsprechende Milieu eingepasst wird. Sie ist immer auch verbunden mit einem Vorgang, den man als »Counter-Textualisierung« beschreiben könnte. Es kommt etwas Fremdes, systemtheoretisch gesprochen: Störendes ins System hinein. Wir werden im Licht der Milieuperspektive zu überlegen

12 Vgl. Karl Barths berühmte Safenwiler Predigt vom 2. Februar 1916 zu Hesekiel 13,1–16 (jetzt in: Karl Barth, *Predigten 1916* [Karl Barth Gesamtausgabe 29], Zürich 1998, 44–62).

haben, wo Störungen zur Sache der Kommunikation des Evangeliums gehören und wo sie nur auf zeitbedingten Milieuprägungen ohne Ewigkeitswert beruhen. Wo liegen bloße Traditionen und Konventionen vor, wo kann sich kirchliches Handeln ohne Substanzverlust wandeln, wenn es eine andere Gestalt annimmt? Von der Missionstheologie kann man lernen, dass das Evangelium kein fester, abstrakter, an sich gegebener Inhalt ist, der unabhängig wäre von dem Kontext, der Kultur, den Lebenswelten; dass es kein an sich vorhandener, abgeschlossener Container ist, den wir unabhängig vom Kontext als solchen einfach in einer Kultur oder Lebenswelt ablegen könnten. Das Evangelium liegt ja auch bei uns nur in einer immer geschichtlich gewordenen, tradierten, immer wieder veränderten Gestalt vor. Diese mit *dem* Evangelium zu identifizieren, wäre naiv. Macht man sich klar, dass Teile moderner Mentalität, vor allem aber der ganze Bereich postmoderner Lebenswelten noch gar nicht vom Evangelium durchdrungen sind,[13] ergibt sich, dass Kirche heute, auch im Bereich des Kasualhandelns, vor einer ungeheuer spannenden Aufgabe steht, die sie noch nicht ansatzweise gelöst, ja noch kaum angepackt hat: das Evangelium in (post-)modernen Lebenswelten so zu kommunizieren, dass es einerseits in diesen überhaupt verstanden werden kann, andererseits aber auch als heilsamer Widerspruch gehört wird. Diese sind nicht einfach *un*christlich, sie sind lediglich *a*christlich. Unchristlich, dem Evangelium entgegen erscheinen sie nur einer Perspektive, die die traditionelle Kultur als spezifisch christlich identifiziert und dabei übersieht, dass wir einen mehrere Jahrhunderte andauernden Prozess der Amalgamierung von Kirche und Staat, konservativer Hochkultur, bürgerlichem Leben und Kirchlichkeit hinter uns haben. Es hieße, das Evangelium in seiner Dynamik unterschätzen und Kirche auf das Traditionell-Konservative festlegen, wollte man christlichen Glauben und diese zugegebenermaßen weitgehend gelungene Kontextualisierung in einer bestimmten mentalen Gestalt miteinander identifizieren. Wer die zahlreichen Kulturen und Subkulturen moderner und postmoderner Prägung beobachtet und in ihnen vielleicht sogar selber unterwegs ist, wird nicht nur auf sehr vieles treffen, was zeigt, wie »religiös musikalisch« Menschen heute auch unabhängig von geprägten kirchlichen Traditionen sind. Er wird auch in unseren kulturellen Breiten auf Phänomene stoßen, die die Missionstheologie unter dem Terminus der *praeparatio evangelica* verhandelt hat. Der dreieinige Gott ist schon lange unterwegs und anwesend, bevor Kirche und Christen beginnen, das Evangelium »auszubreiten« oder – wer es moderner will – zu »kommunizieren«.

Wer diesen philosophischen und theologischen Kurzschluss vermeiden will, sieht sich aber der Aufgabe gegenüber, kirchliche Wortzeichen auch in anderen

13 Das ist ein kultur- und geistesgeschichtliches Urteil, aber kein theologisches. Zur Frage der Anwesenheit und Wirksamkeit des lebendigen Gottes in einer Kultur, die noch nicht oder kaum in Interaktion mit dem Evangelium gestanden hat, ist damit nichts gesagt.

als den angestammten, aber aussterbenden[14] kirchlichen Lebenswelten zu kontextualisieren und hier nach neuen Wegen und Ausdrucksformen zu suchen.

c) Was sind eigentlich »Sinus-Milieus«?

Bevor wir uns auf das Sinus-Milieu-Modell konkret einlassen, möchte ich den Ansatz der Lebensweltforschung im Allgemeinen und den von Sinus im konkreten skizzieren.[15]

(1) Heutige Sozialwissenschaft berücksichtigt nicht nur die objektivierbaren Faktoren, sondern fokussiert die Lebensweise, den Lebensstil der Menschen. Sie ist deshalb für Theologie, Kirche und Verkündigung noch einmal ganz besonders interessant, weil sie so nah am Alltag der Menschen dran ist und weil sie uns eben zumutet, vom Abstraktum »der« Kirchenmitglieder, »der« Jugend, »der« Senioren«, »der« Frauen, vor allem aber »der Kirche« etc. Abschied zu nehmen. Kirche gibt es nicht an sich, sondern vor Ort immer nur in einer bestimmten Milieuprägung. In der Regel sind es ein oder zwei dominante Milieus, die das kirchliche Leben bestimmen. Theologisch führt das zu der hoch interessanten und relevanten Einsicht: Entgegen aller Evidenz und Gewöhnung ist Kirchengemeinde nicht gleich Kirche. Moderne Sozialforschung nutzt unterschiedliche Kategorien, um die fragmentierten und segmentierten Lebenswelten, aus denen unsere Gesellschaft besteht, zu erkunden: Milieus, Lebensstile, Mentalitäten etc.

(2) Der Sinus-Ansatz kombiniert zwei Weisen, soziale und mentale Unterschiedlichkeit darzustellen. Die bekannte »Kartoffelgrafik« stellt eine zweidimensionale Landkarte unserer Gesellschaft dar. Wie jede Landkarte besitzt sie zwei Achsen, eine Horizontale und eine Vertikale. Auf der Vertikalen werden die objektivierbaren Daten abgebildet: Die soziale Lage teilt sich auf in Unterschicht, Mittelschicht und Oberschicht. Wo ein Mensch zugeordnet wird, entscheidet sich heute im Wesentlichen an zwei relevanten Kriterien: der Bildung (also den Schulabschlüssen und den akademischen bzw. anderen Examina) sowie den materiellen Ressourcen und Verhältnissen, in denen jemand lebt. Die Horizontale bildet dagegen die subjektiven Faktoren ab: Wie sieht die Grundorientierung aus? Ist ein Mensch einer prämodernen, modernen oder mehr einer postmodernen Mentalität zuzuordnen? Das sog. Positionierungsmodell kombiniert genau diese beiden Fragestellungen. Leitend ist dabei die Einsicht, dass eine bestimmte soziale Lage nicht automatisch eine bestimmte konservative oder liberale etc. Mentalität

[14] Nach dem Microm-Regio-Trend müssen wir z.B. für das kirchliche Stamm-Milieu der Traditionellen (TRA) in den kommenden Jahren mit einem Schwund von ca. 60% rechnen.

[15] Eine vom Sinus-Institut durchgesehene und legitimierte Einführung bietet Hempelmann, *Gott im Milieu*.

mit sich bringt (Phänomen der sog. »soziodemographischen Zwillinge«[16]) und dass natürlich auch umgekehrt eine bestimmte Mentalität nicht bedeutet, dass jemand in eher prekären oder eher wohlhabenden Verhältnissen lebt. Jemand kann über wenig Geld verfügen und dann evtl. dennoch gut zurechtkommen, weil er ein diszipliniertes Leben in bescheidenden Verhältnissen eingeübt hat (Traditionelles Milieu) und mit diesen auch zufrieden ist; er kann aber auch mit seinem Geld überhaupt nicht zurechtkommen, etwa auch deshalb, weil er sich ständig sozialen Aufstieg ersehnt und wenigstens einige der Statussymbole haben möchte, die diesen signalisieren. Die Ratenkäufe stürzen ihn dann womöglich ins Elend (Prekäre). Oder er lebt mit geringen materiellen Mitteln noch einmal ganz anders: Er ist als Hedonist an den Konventionen und Standards der als bürgerlich diskriminierten Gesellschaft gar nicht interessiert und lebt konsequent ein Gegen-Leben, das er trotz Verzicht auf Besitz der Statussymbole nicht primär unter Defizitgesichtspunkten sieht. Das bedeutet auch: Eine Kennzeichnung als »postmodern« reicht überhaupt nicht. Ein zur Oberschicht gehörender Performer lebt total anders als ein zur Unterschicht und unteren Mittelschicht gehörender Hedonist und Experimentalist,[17] und diese unterscheiden sich noch einmal sehr von den Expeditiven.

(3) Das Sinus-Milieu-Modell wird ständig aktualisiert, jährlich durch Feineinstellungen der Prozentzahlen, in längeren Abständen aber auch durch Umarbeitung des Ansatzes. Nachdem das Sinus-Institut das erste Mal im Jahr 2001 ein gesamtdeutsches Milieu-Modell vorgestellt hatte, sah es sich genötigt, im Jahr 2010 eine völlig überarbeitete Milieulandkarte vorzustellen. Horizontale und Vertikale bleiben als Koordinaten erhalten. Aber der rasche und radikale gesellschaftliche Wandel machte eine Neupositionierung der Milieus und eine Neuformulierung von postmodernen Lebenswelten (Adaptiv-pragmatisches Milieu, Expeditives Milieu) nötig.

(4) Das Sinus-Institut ist einerseits eine Einrichtung für Sozialforschung, es arbeitet aber auch anwendungsorientiert als Marktforschungsinstitut für Parteien, Gewerkschaften, Bundesministerien und große Konzerne. 2005 hat die katholische Kirche die enorme diagnostische Kraft des Milieu-Modells für sich entdeckt und eine erste Kirchenstudie in Auftrag gegeben, der bis heute fünf weitere gefolgt sind.[18] Im evangelischen Raum hat die

[16] Als »soziodemographische Zwillinge« werden Personen bezeichnet, die soziodemographisch, also im Hinblick auf die objektivierbaren Faktoren wie Bildung und Einkommen (nahezu) identisch sind, aber mental stark voneinander abweichen (können).

[17] Im Milieu-Modell von 2010 stellen die Experimentalisten (2001 noch ein eigenes Milieu) eine Subdifferenzierung des hedonistischen Milieus dar.

[18] Es handelt sich um:

– *Religiöse und kirchliche Orientierungen in den Sinus-Milieus. Forschungsergebnisse von Sinus Sociovision für die Publizistische Kommission der Deutschen Bischofskonferenz und die Koordinierungsstelle Medien. Eine qualitative Studie im Auftrag der Medien-Dienstleistung GmbH*, München 2005 (vergriffen; zur Zeit über die Homepage von MDG als Download verfügbar).

EKD die Milieuperspektive fruchtbar gemacht für ein milieusensibles Glaubenskursmarketing. Im Handbuch des Modellprojektes *Erwachsen glauben*[19] findet sich eine detaillierte Darstellung der Milieu-Welten, die ich 2012 überarbeitet und dem neuen Milieu-Modell und neuen Einsichten angepasst habe. Initiativen missionarischer Bildung sollen auf diese Weise besser auf die unterschiedlichen Lebenswelten bezogen werden können. 2011 hat die Evangelisch-Reformierte Landeskirche des Kantons Zürich eine erste Studie für den evangelischen Bereich von Sinus durchführen lassen.[20]

(5) Die evangelischen Kirchen in Baden und Württemberg haben 2012 das Sinus-Institut mit einer gemeinsamen Studie »Evangelisch in Baden und Württemberg« beauftragt. Deren Ergebnisse liegen z.T. in Form von mehreren Berichten schon vor.[21] Ein Abschlussbericht von Sinus und eine Auswertung in Form eines Handbuches, das die Ergebnisse mit den verschiedenen kirchlichen Handlungsfeldern vernetzt, werden im Laufe des Jahres 2013 erscheinen. Wir berücksichtigen im Folgenden die Ergebnisse dieser Studie, soweit sie vorliegen und in unserem Zusammenhang von Bedeutung sind.[22]

(6) Die Abkürzungen. Zum ABC der Milieuforschung gehören die Kurzbezeichnungen der Milieus und die dreistelligen Buchstabenkombinationen, die die Namen noch einmal abkürzen:

- Carsten Wippermann und Marc Calmbach, *Wie ticken Jugendliche?*, hg. vom Bund der deutschen katholischen Jugend und Misereor, Düsseldorf 2008.
- *MDG-Trendmonitor »Religiöse Kommunikation«. Ergebnisse zur Situation von Kirche und Glaube sowie zur Nutzung medialer und personaler Informations- und Kommunikationsangebote der Kirche im Überblick. Ergebnisse repräsentativer Befragungen unter Katholiken*, Berlin 2010.
- *Zielgruppenhandbuch für das Bistum Münster. Religiöse und kirchliche Orientierungen in den Sinus-Milieus Liberal-Intellektuelle, Sozialökologische, Adaptiv-Pragmatische und Hedonisten. Eine qualitative Studie für die Mediendienstleistungsgesellschaft MDG*, Berlin 2011
- Marc Calmbach, Peter Martin Thomas, Inga Borchard und Bodo Flaig, *Wie ticken Jugendliche? Lebenswelten von Jugendlichen im Alter von 14–17 Jahren in Deutschland. Sinus-Jugendstudie im Auftrag der Bischöflichen Medienstiftung der Diözese Rottenburg-Stuttgart, dem Bund der Deutschen Katholischen Jugend, der Bundeszentrale für politische Bildung, der Deutschen Kinder- und Jugendstiftung, Misereor und dem Südwestrundfunk*, Düsseldorf 2012.
- *MDG-Milieuhandbuch 2013. Religiöse und kirchliche Orientierungen in den Sinus-Milieus.* Im Auftrag der MDG Medien-Dienstleistung GmbH, Heidelberg und München, 2013.

19 Arbeitsgemeinschaft Missionarische Dienste (Hg.), *Erwachsen glauben. Missionarische Bildungsangebote. Grundlagen – Kontexte – Praxis*, Gütersloh 2011.

20 Evangelisch-reformierte Landeskirche des Kantons Zürich und Sinus Markt- und Sozialforschung, *Lebensweltliche, religiöse und kirchliche Orientierungen im Kanton Zürich.* Im Auftrag der Evangelisch-reformierten Landeskirche des Kantons Zürich, Heidelberg/Zürich November 2011.

21 Vgl. die drei auf meiner Homepage veröffentlichten Berichte vor der Landessynode der Evangelischen Landeskirche in Württemberg: www.heinzpeter-hempelmann.de.

22 Evangelische Kirche in Baden und Evangelische Landeskirche in Württemberg, *Evangelisch in Baden und Württemberg*, 2011/2012.

KET	Konservativ-etabliertes Milieu
LIB	Liberal-intellektuelles Milieu
PER	Milieu der Performer
EPE	Expeditives Milieu
BÜM	Milieu der bürgerlichen Mitte
PRA	Adaptiv-pragmatisches Milieu
SÖK	Sozialökologisches Milieu
TRA	Traditionelles Milieu
PRE	Prekäres Milieu
HED	Hedonistisches Milieu.

d) Die 10 Sinus-Milieus: eine Zusammenfassung ihrer Merkmale und ihrer Haltung[23] zur Kirche

Zur Erläuterung der folgenden Tabelle, die die Erfahrungen (vgl. Spalte 4) in ein Verhältnis zur Lebensweltperspektive setzt, folgen hier zunächst einige Vorbemerkungen.

1. Erläuterungen zur Tabelle

(1) Die Anordnung der Milieus folgt der sozialen Schichtung: Zuerst kommen die vier Milieus, die schwerpunktmäßig der Oberschicht zuzuordnen sind, dann die drei Milieus der Mitte und schließlich die drei Milieus der Unterschicht (und unteren Mittelschicht).

(2) Die Bezeichnungen der Milieus stellen selbst schon Abbreviaturen dar. Sie sind keine ausreichenden Kennzeichnungen, sondern Erinnerungen an und Zusammenfassungen von umfassenderen Ethnologien der entsprechenden Lebenswelt.

(3) Die Buchstabenkürzel der Bezeichnungen verdichten diese Abkürzungen zusätzlich und haben rein technische Bedeutung. Wichtig ist uns in diesem Zusammenhang, was man nicht oft genug betonen kann: Diese Kürzel sollen Menschen nicht vorgestanzten Begriffen und Vorurteilen unterwerfen, sondern im Gegenteil eine Hilfe zur Unterscheidung sein. Dies ist auch bei ihrem Gebrauch immer zu beachten.

(4) Sinus nimmt bei drei Milieus noch eine *Sub*differenzierung vor: Bei dem bürgerlichen Milieu (BÜM) muss man unterscheiden zwischen (a) dem Status-quo bewussten Segment der modernen Mitte und (b) dem Segment, das sich von gesellschaftlichen Modernisierungsprozessen bedroht sieht, ja Ab-

23 Versteht man unter »Milieu« mit der Kurzdefinition von Sinus eine »Gruppe Gleichgesinnter«, dann ist klar, dass es sich um die Haltung handelt, die eine Gruppe von Menschen, die sich durch eine Summe gemeinsamer Merkmale auszeichnen, in einer charakteristischen Weise gegenüber der Kirche einnimmt.

stiegsängste hat. Bei dem traditionellen Milieu (TRA) unterscheidet Sinus zusätzlich zwischen (a) dem Segment, das resigniert vor den Anforderungen gesellschaftlicher Modernisierung und sich mental wie sozial zurückzieht, und (b) dem Segment, das die modernen Entwicklungen grundsätzlich akzeptiert, aber an traditionellen Werten festhält; beim hedonistischen Milieu (HED) nimmt Sinus ebenfalls eine Subdifferenzierung vor, die ggf. von Bedeutung sein kann: ein (a) auf *fun* und *entertainment* gepoltes, gegen die Konventionen einer als erstarrt angesehenen bürgerlichen Gesellschaft gerichtetes Segment steht (b) einem Submilieu gegenüber, das stark und reflektiert individualistisch ist und sich durch Experimentierfreude auszeichnet. Es ist nahezu identisch mit dem Milieu der Experimentalisten (EXP) im Milieu-Modell von 2001.

(5) Die Koordinaten, etwa A23 für das traditionelle Milieu (TRA), markieren zunächst mit dem Buchstaben die Säule auf der horizontalen Achse und dann mit dem Zahlenwert die Schicht. A-, B- und C-Säulen stehen für eine prämoderne, moderne oder postmoderne Grundorientierung, sprich Mentalität. 1, 2 und 3 stehen für Oberschicht, Mittelschicht und Unterschicht. Eine Kombination aus zwei Buchstaben bedeutet, dass das Milieu nicht allein einer Mentalität zugeordnet werden kann, eine Kombination aus zwei Ziffern bedeutet, dass das Milieu sich nicht allein einer Schicht zuordnen lässt.

(6) Wir geben das Durchschnittsalter der Menschen an, die einem Milieu zugehören. Die Grundgesamtheit, auf die wir uns dabei beziehen, sind die Menschen, die 18 Jahre oder älter und deutsche Staatsbürger sind.

(7) Analog dazu gibt die Prozentzahl den Anteil des Milieus an der deutschen Wohnbevölkerung, im Land Baden-Württemberg und den prozentualen Anteil an den Kirchenmitgliedern der Badischen und Württembergischen Landeskirchen über 18 Jahren an.

(8) In der zweiten Spalte geben wir zwei Hinweise auf die jeweilige Lebenswelt, ohne diese in diesem Zusammenhang zureichend beschreiben zu wollen. Zunächst wird die Kurzcharakteristik des Milieus durch das Sinus-Institut zitiert; dann folgt der Versuch einer griffigen und behältlichen Zusammenfassung der Lebenswelt (»Lebensweltlogik«). Für ausführlichere Darstellungen verweise ich ausdrücklich auf den zweiten Teil des Taufhandbuchs, auf die Homepage von Sinus und auf die Spezialdarstellungen, die von Sinus zu erhalten sind.[24]

(9) Es gehört zu den Vorzügen der Sinus-Studien, dass sie einen milieuspezifischen Blick auf die Haltung zur und Erwartung an Kirche erlauben, wie sie in den jeweiligen Milieus gegeben sind. Auch das Bild, das die verschiedenen Milieus sich vom Pfarrer respektive der Pfarrerin machen, und die Er-

24 In der zweiten Auflage des Handbuches *Erwachsen glauben* findet sich in Kapitel D außerdem eine ausführliche Darstellung der 10 jeweiligen Lebenswelten.

wartung, die man ihm bzw. ihr entgegenbringt, differieren stark. Es muss nicht begründet werden, dass diese Bilder und Erwartungen eine große Rolle spielen, wenn es um eine pastoraltheologische Einschätzung der Begegnung mit unterschiedlichen Tauffamilien geht. Wenn von »Kirche« die Rede ist, sind die evangelischen Kirchen in Deutschland gemeint. Wie jüngst die Sinus-Studie »Evangelisch in Baden und Württemberg« gezeigt hat, unterscheiden sich die Bewertungen von Kirche und die Erwartungen an sie bei den jeweiligen Kirchenmitgliedern teilweise beträchtlich. Die »Erwartungen«, die ich hier notiere und die wir auch im Praxisteil dieses Taufhandbuchs präsentieren, verstehen sich ausdrücklich nicht normativ. Um auf sie qualifiziert und d.h. eben nicht nur abwehrend und emotional aus der Situation heraus reagieren zu können, muss man diese Einstellungen und Erwartungen kennen. Erst dann kann man sich zu ihnen verhalten.

(10) Um die Tabelle nicht zu überfordern und die Darstellung nicht zu unübersichtlich zu machen, ist auf die Auflistung und insofern auch auf die Differenzierung weiterer Merkmale verzichtet worden. Selbstverständlich sind aber auch weitere Gesichtspunkte relevant, wie etwa die Frage der Mediennutzung. Wo sind die Angebote der Kirchengemeinde präsent, wo und wie kann ich in Kontakt mit dem Pfarramt treten, wie einen Termin absprechen, wo wird die Taufe meines Kindes kommuniziert, welche Medien stehen zur Verfügung, um sie zu dokumentieren, welche medialen Wege nutze ich, um den Kontakt zu perpetuieren? Ich kann hier nur anregen, diese und andere Gesichtspunkte milieusensibel zu verfolgen. Im zweiten Teil des Taufhandbuchs geben wir für jedes Milieu weitere Hinweise.

2. Übersicht für die 10 Sinus-Milieus

Sinus-Milieu - Bezeichnung, - Koordinaten - Schicht - Mentalität - Durchschnittsalter - Prozent der Bevölkerung Deutschland und Baden-Württemberg - Prozent der Kirchenmitglieder	**Charakteristik** - Sinus-Kennzeichnung - Lebensweltlogik	**Kirche** - Sicht von Kirche - Erwartung an Kirche	**Pfarrer/Pfarrerin** - Haltung zu Pfarrer/Pfarrerin - Erwartung an Pfarrer/Pfarrerin
• Konservativ-etabliertes Milieu (**KET**), AB12 • Oberschicht (überdurchschnittliche materielle Verhältnisse und Bildungsabschlüsse) • prämodern • 49 Jahre • 10% / 11% der Bevölkerung • 16% der Kirchenmitglieder	»Das klassische Establishment: Verantwortungs- und Erfolgsethik; Exklusivitäts- und Führungsansprüche; Standesbewusstsein, Entre-nous-Abgrenzung« Lebensweltlogik **E**: • Erfolg • Exklusivität • hohe Erwartung an sich selbst und an andere • »Entre-nous«	Kirche wird gesehen als wichtiges und tragendes Element in unserer Gesellschaft mit sozial-karitativen Aufgaben. Kirche ist eine Multiplikatorin von Werten. Kirche ist kein Ort, der den Exklusivitätsansprüchen von KET entspricht.	Der Pfarrer ist Glaubenshüter, Vertreter der abendländischen kulturellen Symbiose von biblischem Gottesglauben und griechischem Geist sowie Repräsentant einer wichtigen gesellschaftlichen Großinstitution. Von ihm wird erwartet, dass er für Traditionen und den Bestand der hergebrachten Ordnungen eintritt und eine Dienstleistung erbringt, für die man schließlich lange und gut bezahlt hat.

Sinus-Milieu - Bezeichnung, - Koordinaten - Schicht - Mentalität - Durchschnittsalter - Prozent der Bevölkerung: Deutschland und Baden-Württemberg - Prozent der Kirchenmitglieder	**Charakteristik** - Sinus-Kennzeichnung - Lebensweltlogik	**Kirche** - Sicht von Kirche - Erwartung an Kirche	**Pfarrer/Pfarrerin** - Haltung zu Pfarrer/Pfarrerin - Erwartung an Pfarrer/Pfarrerin
• Liberal-intellektuelles Milieu (LIB), B1 • Oberschicht (weit überdurchschrittliche Bildungsabschlüsse und materielle Verhältnisse) • modern (postmateriell) • 45 Jahre • 7% / 6% der Bevölkerung • 7% der Kirchenmitglieder	»Die aufgeklärte Bildungselite: liberale Grundhaltung und postmaterielle Wurzeln; Wunsch nach selbstbestimmtem Leben; vielfältige intellektuelle Interessen« Lebensweltlogik **L**: • Liberalität: weltoffen • Leistung: reflektiert • Leiten-Wollen: selbstbestimmt und verantwortungsorientiert	Von Kirche wird erwartet, dass sie als progressive Kraft in sozial emanzipativen Prozessen in Erscheinung tritt. Kirche wird erfahren als viel zu oft restaurativ-konservative Größe. Der Protestantismus ist eine progressive gesellschaftliche Größe mit den Leitwerten Toleranz und Verantwortung; er ist Verbündeter. Die Kirchengemeinde entspricht im Regelfall nicht den hochkulturellen Ansprüchen von LIB.	Die Pfarrerin ist ein Profi und sollte selbstbewusst und anspruchsvoll auftreten. Sie wird als Akademikerin wahrgenommen. Bildung verbindet. Allerdings ist sie auch Vertreterin einer Institution, die vielfach als überholt gilt und einen Modernisierungsrückstand aufweist, in ethischer und theologischer Hinsicht.

Sinus-Milieu - Bezeichnung, - Koordinaten - Schicht - Mentalität - Durchschnittsalter - Prozent der Bevölkerung Deutschland und Baden-Württemberg - Prozent der Kirchenmitglieder	**Charakteristik** - Sinus-Kennzeichnung - Lebensweltlogik	**Kirche** - Sicht von Kirche - Erwartung an Kirche	**Pfarrer/Pfarrerin** - Haltung zu Pfarrer/Pfarrerin - Erwartung an Pfarrer/Pfarrerin
• Milieu der Performer (**PER**), C1 • Oberschicht • postmodern • 41 Jahre • 7% / 7% der Bevölkerung • 5% der Kirchenmitglieder	»Die multi-optionale, effizienzorientierte Leistungselite: global-ökonomisches Denken; Konsum- und Stil-Avantgarde; hohe IT- und Multimedia-Kompetenz« Lebensweltlogik **A**: • Anspruch (an sich und andere) • Avantgarde • Abwechslung • Abgrenzung	Kirche wird als eine No-go-Area betrachtet, die kaum eine Überschneidung mit der eigenen Lebenswelt aufweist. »Kirche ist eine Institution *für andere*, nicht *für mich*. Dort verschwende ich nicht meine Zeit; Kirche hat *mir* nichts zu bieten!« Kirche stellt ein »Potential« dar, auf das bei Bedarf zurückgegriffen werden kann.	Die Pfarrerin gilt als Expertin für Fragen christlicher Religion und Spiritualität. Sie tritt kompetent und selbstbewusst auf und ist offen, kreativ und flexibel.

Sinus-Milieu - Bezeichnung, - Koordinaten - Schicht - Mentalität - Durchschnittsalter - Prozent der Bevölkerung: Deutschland und Baden-Württemberg - Prozent der Kirchenmitglieder	**Charakteristik** - Sinus-Kennzeichnung - Lebensweltlogik	**Kirche** - Sicht von Kirche - Erwartung an Kirche	**Pfarrer/Pfarrerin** - Haltung zu Pfarrer/Pfarrerin - Erwartung an Pfarrer/Pfarrerin
• Expeditives Milieu (**EPE**), C12 • Oberschicht bzw. gehobene Mittelschicht • postmodern • 23 Jahre (das mit Abstand »jüngste« Milieu) • 6% / 6% der Bevölkerung • 5% der Kirchenmitglieder	»Die ambitionierte kreative Avantgarde: mental und geographisch mobil, online und offline vernetzt und auf der Suche nach neuen Grenzen und neuen Lösungen« Lebensweltlogik I: • extremer Individualismus • Inszenierung von Individualität als Lebensziel • Innovation: das Neue ist angesagt • Interesse	Kirche ist eine Tabuzone, die mit der Lebenswelt von EPE nichts zu tun hat. Kirche wird gesehen als recht unbewegliches, durch Traditionen bestimmtes Unternehmen.	Vom Pfarrer wird erwartet, dass er als Mystiker und »Mystagoge« (d.h. als »Seelenführer«, der in die »Geheimnisse« einführt) spirituelle Grenzerfahrungen erschließt.

Sinus-Milieu - Bezeichnung, - Koordinaten - Schicht - Mentalität - Durchschnittsalter - Prozent der Bevölkerung Deutschland und Baden-Württemberg - Prozent der Kirchenmitglieder	**Charakteristik** - Sinus-Kennzeichnung - Lebensweltlogik	**Kirche** - Sicht von Kirche - Erwartung an Kirche	**Pfarrer/Pfarrerin** - Haltung zu Pfarrer/Pfarrerin - Erwartung an Pfarrer/Pfarrerin
• Bürgerliche Mitte (**BÜM**), B23 • eines der drei Milieus der Mitte: Mittelschicht und obere Unterschicht • modern • 52 Jahre • 14% / 13% der Bevölkerung • 18% der Kirchenmitglieder	»Der leistungs- und anpassungsbereite bürgerliche Mainstream: generelle Bejahung der gesellschaftlichen Ordnung, Wunsch nach beruflicher und sozialer Etablierung, nach gesicherten und harmonischen Verhältnissen« Lebensweltlogik **F**: • Familie, Freunde • Fleiß, Strebsamkeit • Form, Format, bürgerliche Façon des Lebens sind wichtig für ein Leben, das »in Ordnung geht«	Kirche wird gesehen als eine familienbezogene Institution vor Ort. Kirche erscheint als familiäre Nahwelt, als »ein Ort für mich und meine Familie«. Der Taufgottesdienst sollte demgemäß eine auf die Familie ausgerichtete Veranstaltung sein.	Der Pfarrer wird gesehen als Entertainer und Animateur, als Moderator und Ausrichter des Gottesdienstes. Er ist Teil eines sehr wichtigen familiären Events, und man hofft auf dessen Entgegenkommen v.a. in praktischer Hinsicht.

Sinus-Milieu - Bezeichnung, - Koordinaten - Schicht - Mentalität - Durchschnittsalter - Prozent der Bevölkerung Deutschland und Baden-Württemberg - Prozent der Kirchenmitglieder	**Charakteristik** - Sinus-Kennzeichnung - Lebensweltlogik	**Kirche** - Sicht von Kirche - Erwartung an Kirche	**Pfarrer/Pfarrerin** - Haltung zu Pfarrer/Pfarrerin - Erwartung an Pfarrer/Pfarrerin
• Adaptiv-pragmatisches Milieu (**PRA**), C2 • junges, dynamisches Milieu der Mitte • vorwiegend postmodern • 36 Jahre • 9% / 10% der Bevölkerung • 4% der Kirchenmitglieder	»Die moderne junge Mitte unserer Gesellschaft mit ausgeprägtem Lebenspragmatismus und Nutzenkalkül: zielstrebig und kompromissbereit, hedonistisch und konventionell, flexibel und sicherheitsorientiert; starkes Bedürfnis nach Verankerung und Zugehörigkeit«. Lebensweltlogik **P**: • pragmatisch: handlungs- und nutzenorientiert • persönlich: was brauche ich, was ist brauchbar für mich? • Passung (dessen, was mein Leben bestimmen und ausmachen darf)	Kirche ist vielfach *terra incognita*. PRA sind nicht *per se* kirchenkritisch, aber kirchendistanziert. »Kirche ist der Ort, an dem ich nicht bin.« »Kirche ist nicht an sich interessant und bedeutungsvoll, sondern insofern sie mir und meiner Familie etwas bietet und nutzt« (Kindergarten, Taufe, Konfirmation sind solche Gelegenheiten).	Es wird erwartet und erhofft, dass sich die Pfarrerin als weltoffen, hilfsbereit und im Blick auf die eigenen Ideen entgegenkommend zeigt.

Sinus-Milieu - Bezeichnung, - Koordinaten - Schicht - Mentalität - Durchschnittsalter - Prozent der Bevölkerung: Deutschland und Baden-Württemberg - Prozent der Kirchenmitglieder	**Charakteristik** - Sinus-Kennzeichnung - Lebensweltlogik	**Kirche** - Sicht von Kirche - Erwartung an Kirche	**Pfarrer/Pfarrerin** - Haltung zu Pfarrer/Pfarrerin - Erwartung an Pfarrer/Pfarrerin
• Sozialökologisches Milieu (**SÖK**), B12 • Mittelschicht und untere Oberschicht • postmaterielle Wurzeln • 48 Jahre • 7% / 8% der Bevölkerung • 18% der Kirchenmitglieder	»Konsumkritisches und -bewusstes Milieu mit normativen Vorstellungen vom »richtigen« Leben: ausgeprägtes ökologisches und soziale Gewissen; Globalisierungsskeptiker, Bannerträger von Political Correctness und Diversity« Lebensweltlogik **G**: • Gefährdung der sozialen und ökologischen Verhältnisse: Das Leben in der Welt ist bedroht • Gerechtigkeit (zwischen Geschlechtern, Generationen, Lebewesen) als Zielvorstellung • Gewissen (Verantwortung zur Aufklärung und Durchsetzung des Richtigen)	Kirche wird gesehen als Bewegung, als Kirche auf dem Weg. Kirche stellt eine Werkstatt zur Veränderung der Gesellschaft dar und ist gleichzeitig eine sehr menschliche, fehlerhafte und verbesserungsbedürftige Institution. Es besteht eine Bereitschaft zur Artikulation von Kirchenkritik.	Der Pfarrer ist ein Katalysator und Motivator bei Veränderungsprozessen. Er ist offen, flexibel, aufgeschlossen für Neues und Anderes, traditionskritisch und nicht fixiert auf Konventionen (»alte Zöpfe«), ökologisch und emanzipativ eingestellt sowie integrativ, d.h. bereit, Initiativen und Impulse aufzunehmen und einzubauen.

Sinus-Milieu - Bezeichnung, - Koordinaten - Schicht - Mentalität - Durchschnittsalter - Prozent der Bevölkerung Deutschland und Baden-Württemberg - Prozent der Kirchenmitglieder	**Charakteristik** - Sinus-Kennzeichnung - Lebensweltlogik	**Kirche** - Sicht von Kirche - Erwartung an Kirche	**Pfarrer/Pfarrerin** - Haltung zu Pfarrer/Pfarrerin - Erwartung an Pfarrer/Pfarrerin
• Traditionelles Milieu (**TRA**), AB23 • Unterschicht und untere Mittelschicht • prämodern • 65 Jahre • 15% / 17% der Bevölkerung • 19% der Kirchenmitglieder	»Die Sicherheit und Ordnung liebende Kriegs- und Nachkriegsgeneration: verhaftet in der alten kleinbürgerlichen Welt bzw. in der traditionellen Arbeiterkultur; Sparsamkeit, Konformismus und Anpassung an die Notwendigkeiten« Lebensweltlogik **V**: • Verlust: »Das, was früher war und gut war, das haben wir verloren. Wir vermissen das!« • Vergangenheit: rückwärtsgewandtes, sehnsüchtiges Leben in den guten alten Zeiten, die vorbei sind • Verstimmung: »In der Gegenwart finden wir uns nicht oder nur schwer zurecht.«	Kirche ist heimatliche Volkskirche. Sie ist Teil meiner – auch mentalen – Heimat, Teil der eigenen Identität. »Wir gehören dazu, indem wir zur Kirche dazugehören.« Kirche steht für das Herkommen und die Wertschätzung und Bewahrung der Tradition.	Der Pfarrer ist der Hirte, der Pastor, dem in geistlichen und theologischen Fragen vertraut werden kann, dem man sich anvertrauen kann und dem man im Verhältnis der Hierarchie begegnet. Er soll entscheiden und die Dinge so regeln, wie das üblich und daher gut ist.

Sinus-Milieu - Bezeichnung, - Koordinaten - Schicht - Mentalität - Durchschnittsalter - Prozent der Bevölkerung: Deutschland und Baden-Württemberg - Prozent der Kirchenmitglieder	**Charakteristik** - Sinus-Kennzeichnung - Lebensweltlogik	**Kirche** - Sicht von Kirche - Erwartung an Kirche	**Pfarrer/Pfarrerin** - Haltung zu Pfarrer/Pfarrerin - Erwartung an Pfarrer/Pfarrerin
• Prekäres Milieu (**PRE**), B3 • exklusives Unterschicht-Milieu • modern • 51 Jahre • 9% / 7% der Bevölkerung • 1(-3)% der Kirchenmitglieder	»Die um Orientierung und Teilhabe bemühte Unterschicht mit starken Zukunftsängsten und Ressentiments: Häufung sozialer Benachteiligungen, geringe Aufstiegsperspektiven, reaktive Grundhaltung; bemüht, Anschluss zu halten an die Konsumstandards der breiten Mitte« Lebensweltlogik **B**: • bemüht, Anschluss zu halten an die Mittelschicht, an den Lebensstandard und die Einstellungen der Bürgerlichen Mitte • benachteiligt: schlechte oder gar keine Ausbildung; eher schlecht bezahlte Anstellungsverhältnisse oder gar keine; vielfach alleinlebend (geschieden, verwitwet, ohne Beziehung) • beunruhigt (»Wo geht diese Gesellschaft hin? Werde ich abgehängt? Wo bleibe ich? Was wird in Zukunft werden? Hab' ich überhaupt noch Aufstiegsperspektiven?«) • *body*-Betonung	PRE sind nicht kirchenfern, aber kirchendistanziert. Kirche ist der Ort, von dem sie spüren: »Hier gehöre ich nicht hin. Das ist nicht meine Welt. Hier komme ich nicht zurecht. Hier falle ich auf, äußerlich und durch mangelnde Kenntnisse der Rituale und Abläufe.« Haltung und Empfinden gegenüber der Kirche können geprägt sein von • Scham (weil die erfahrene, v.a. diakonische Zuwendung dem eigenen Verständnis von Stärke und Können widerspricht) oder von Aggression (wegen des Unterlegenheitsempfindens) sowie von Unsicherheit und Unterwürfigkeit.	Die Pfarrerin begegnet vielfach als Sozialarbeiterin oder im Habitus mildtätiger, hilfreicher, barmherziger Zuwendung. PRE begegnen der Pfarrerin zudem auch mit einem Empfinden unterlegener Bildung und fehlender (hoch-) kultureller Prägung.

Sinus-Milieu - Bezeichnung, - Koordinaten - Schicht - Mentalität - Durchschnittsalter - Prozent der Bevölkerung: Deutschland und Baden-Württemberg - Prozent der Kirchenmitglieder	**Charakteristik** - Sinus-Kennzeichnung - Lebensweltlogik	**Kirche** - Sicht von Kirche - Erwartung an Kirche	**Pfarrer/Pfarrerin** - Haltung zu Pfarrer/Pfarrerin - Erwartung an Pfarrer/Pfarrerin
• Hedonistisches Milieu (**HED**), BC23 • Unterschicht und untere Mittelschicht • postmodern • 39 Jahre • 15% der Bevölkerung • 7(-10)% der Kirchenmitglieder	»Die spaß- und erlebnisorientierte Unterschicht/ untere Mittelschicht: Leben im Hier und Jetzt, Verweigerung von Konventionen und Verhaltenserwartungen der Leistungsgesellschaft« Lebensweltlogik **Sp**: • spontan • Spaß • Spannung	Kirche ist nicht aus eigener Anschauung bekannt. Sie gilt als lustfeindlich, einengend und moralinsauer; sie ist eine Spaßbremse und der Inbegriff von gesellschaftlichen Konventionen.	Der Pfarrer ist als solcher eine »Unperson«. Denkbar und »ertragbar« wäre er als »Kumpel«, also unter Ablegen der kirchlichen Prädikate, als Mensch auf Augenhöhe.

e) Aus der Praxis für die Praxis: Erfahrungen mit dem Taufhandeln im Licht der Milieuperspektive

1. Fragen

- Welchen Einfluss haben unterschiedliche Milieueinbindungen auf das Verhalten von Menschen und ihre Erwartungen an Taufe?
- Welche Milieulogiken und welche Bilder von Kirche sind leitend?
- Welche Erfahrungen gibt es von Seiten der Pfarrer und Pfarrerinnen?
- Worauf sollte Kirche in den verschiedenen Phasen der Taufkasualie achten?
- Wo kann Kirche Konflikte vermeiden?
- Wo gibt es Anknüpfungspunkte für das Taufhandeln in der jeweiligen Lebenswelt?

Das sind die Fragen, die ich in den vergangenen Jahren auf verschiedenen Pfarrkonventen der Badischen und Württembergischen Kirche mit Kolleginnen und Kollegen durchgesprochen habe. Der Erfahrungsaustausch war so anregend, dass daraus die Idee erwuchs, in Zusammenarbeit mit *churchconvention* das vorliegende Taufhandbuch zu probieren.

Zur Erläuterung der folgenden Tabelle, die die Erfahrungen (in Spalte 4) in ein Verhältnis zur Lebensweltperspektive setzt, folgen hier zunächst einige Vorbemerkungen.

2. Vorbemerkungen

(1) Die beschriebenen Erfahrungen (Spalte 4) stellen Kurzprotokolle und Zusammenfassungen (etwa bei Mehrfachnennungen) von insgesamt vier Pfarrkonventen der Evangelischen Landeskirche in Württemberg und der Evangelischen Kirche in Baden dar. Es besteht kein Anspruch einer methodisch abgesicherten, wissenschaftlichen Erhebung. Die Stichprobe hat aber illustrativen und exemplarischen Charakter und darf beanspruchen, wichtige Motive, die in den jeweiligen Milieuzusammenhängen eine Rolle spielen, zu benennen. Wünschenswert wäre eine repräsentative, methodologisch abgesicherte Erhebung. Möglich ist eine Übernahme der Fragestellungen für Verhältnisse vor Ort, im Distrikt und Bezirk.

In der ersten Spalte werden anlassbedingt nicht nur Eltern und Paten berücksichtigt. Es gehört zu den interessanten, bemerkenswerten und bestätigten Befunden der Umfragen, dass den Großeltern eine teilweise sehr wichtige Rolle für den Taufwunsch und die Gestaltung der Taufe zukommt. Ihre Milieuzugehörigkeit wird darum ggf. und wo sinnvoll mit berücksichtigt. Insofern spielen auch Milieus eine Rolle, die biologisch mit einem Durchschnittsalter von 60 Jahren für die Kindertaufe eher unerheblich sind. Es bedeutet ebenfalls, dass wir es schon in der Tauffamilie oft nicht nur mit *einem* Milieu zu tun haben. Milieuorientierung und Milieudifferenzierung helfen, die Motive und Logiken von Wünschen und Erwartungen zu verstehen, ebenso widersprüchliche Wünsche hinsichtlich der Taufgestaltung »sortieren« zu können.

(2) Die Milieuorientierung der Taufenden ist ebenfalls mitreflektiert. Sie wird vor allem im Anschluss an den Befund diskutiert. Sie wird in der Tabelle unter »Professionelle Perspektive« nur soweit notiert, wie sie von den Pfarrerinnen und Pfarrern selbst artikuliert worden ist. Darüber hinaus gilt natürlich, dass diese Hauptamtlichenperspektive ständig in die zitierten Erfahrungen eingeht und deren Formulierung prägt.

(3) Diese Auswertung hat keinen anderen und vor allem keinen höheren Sinn als den, anzuregen, zum Vergleich herauszufordern und mit eigenen Erfahrungen abzugleichen.

3. Legende

- Spalte 1: Die 10 Lebensweltsegmente nach dem Sinus-Milieu-Modell vom August 2010, die Koordinaten als Kurzkennzeichnung, etwa »B3«: B für moderne Mentalität und 3 für Unterschicht. Dazu kommt auch hier die Kurzkennzeichnung der betreffenden Milieulogik, in diesem Fall KET für konservativ-etabliertes Milieu.
- Spalte 2: Ableitung von Erwartungen, die Menschen in den jeweiligen Milieus haben. Es handelt sich nicht um Erhebungen, sondern um Projektionen. Leitend ist die Fragestellung: Wenn wir unser Wissen über eine konkrete Lebenswelt berücksichtigen, mit welchen Erwartungen, Haltungen, Verhaltensweisen müssen wir jeweils rechnen? Es ist sinnvoll, die Überlegungen aus der ersten Tabelle heranzuziehen und die Erwartungen an den Pfarrer, die dort notiert sind, mit zu berücksichtigen.
- Spalte 3: Auswertung der Erfahrungen von Pfarrerinnen und Pfarrern in vier Dekanaten bzw. Kirchenbezirken der Evangelischen Landeskirchen in Württemberg und Baden mit Erwartungen an Taufe.[25] Abgebildet werden immer individuelle, damit kontingente Erfahrungen, die anregen können, die eigenen Tauferfahrungen unterschiedlichen Milieus zuzuordnen und so besser »sortieren« zu können. Ob sie repräsentativ sind, mag der geneigte Leser entscheiden.
- Spalte 4: Ableitung von *Dos* und *Don'ts*; Barrieren, die es zu vermeiden, und Anknüpfungspunkte, die es zu nutzen gilt.

[25] Daten erhoben auf der Basis (1) einer Kirchlich-Theologischen Arbeitsgemeinschaft des Dekanats Geislingen am 10. März 2009 zum Thema »Taufe in der Postmoderne« und (2) des Pfarrkonventes Blaubeuren zum Thema »Relevanz der Milieudifferenzierung für die Praxis von Taufe« am 15. Juni 2010, (3) des Pfarrkonventes Besigheim 27.–30. Juni 2011 in Löwenstein und (4) des Pfarrkonventes Ladenburg/Weinheim am 21. Juli 2011 in Weinheim. Inzwischen habe ich die Ergebnisse mit einer ganzen Reihe anderer Pfarrkonvente durchsprechen und erproben können.

4. Tabelle: Erfahrungen mit dem Taufhandeln im Licht der Milieuperspektive

Sinus-Milieu	Ableitung aus Milieuprofil	Erfahrung mit Tauferwartungen	Dos und Don'ts
Konservativ-etabliertes Milieu (**KET**), AB12 (v.a. in der Rolle als Großeltern) Einstellung: »Wir sind etwas Besonderes!« (Eher am Rande: »Das Althergebrachte ist das Gute.«)	• Ein Taufgottesdienst darf nicht ärmlich wirken. Er muss professionell und exklusiv sein; er muss Stil haben und theologische, liturgische und wenn möglich künstlerische Qualität besitzen, von der Musik bis zum Blumenschmuck. • Wichtig ist die Perspektive der Beteiligung und Mitwirkung. Immer weniger, aber noch präsent: • Die liturgische, hergebrachte Form von Taufe ist wichtig. • Taufe hat Signalbedeutung für Kirche. Sie steht für Kirche als Volkskirche, wie Volkskirche für das Werden unserer abendländischen Kultur und Gesellschaft steht. • Taufe ist von daher Säuglingstaufe. Säuglingstaufe steht für Kirche, wie Kirche für »unsere« Kultur steht. D.h.: Taufe gehört sich! Man bringt sein Kind zur Taufe, will heißen: Taufe als Erwachsenentaufe, als Taufe beim Anlass der Konfirmation, Tauferinnerung, Taufvergewisserung oder gar Taufaufschub, das Angebot der Kindersegnung etc. sind eher minderwertige, leicht verdächtige Formen.	• Pfarrerin als Hüterin der Tradition und als Dienstleisterin • Beschwerde, dass nur die Ausbildungsvikarin kommt und nicht der Pfarrer • Pfarrer wird als jemand behandelt, der auf der Leiter der sozialen Hierarchie unter einem steht • Bereitschaft, Druck auszuüben, um die eigenen Wünsche durchzusetzen (»ich wende mich an die Medien ...«) • Gestaltung des Taufgottesdienstes als höchst-individualisiertes Ereignis, »zu meinen Bedingungen« • Taufe ist ein »Geschäft«; ggf. Wiedereintritt auf Zeit, damit Taufe möglich wird • drei Woche nach Taufe Austritt aus der Kirche, verbunden mit einer Spende • Eltern (Professorenehepaar) reagieren pikiert, als sie erfahren, dass es im selben Gottesdienst zwei weitere Taufen geben soll; das ist »unter ihrem Niveau«. Erst nach längeren Diskussionen willigen sie ein • sehr individuelle und »heterodoxe« Paten-Wünsche (Neuapostolische) • Akademiker-Ehepaar (Richter und Ärztin): Erziehung der Kinder im germanischen Glauben andererseits aber auch: • Wunsch nach konservativer Gestaltung des Taufgottesdienstes, nicht nach irgendwelchen »Moden« • Die »richtige« Weise der Tauffeier ist wichtig • Taufe in »weiß« • Taufe als Symbol der Reinheit und des »Anziehens Christi« • Gewicht auf Formeln und Riten, die »vorkommen müssen« • Wenn das Taufkleid der Urgroßmutter existiert, soll dieses verwendet werden	Kirche ist im Milieu AB12 noch gut aufgestellt. Konflikte können sich ergeben, wenn ein hohes Standesbewusstsein auf kirchliche Vorgaben trifft oder wenn ein evangelischer Erneuerungswille und ein morphologischer Konservatismus einander begegnen. Taufgottesdienste müssen den Etablierten in mehrfacher Beziehung etwas »bieten«. Dann bedeuten sie die Chance, Kirche positiv zu erfahren und sich ihr ggf. auch anzunähern. Was nicht geht: • mangelnde Professionalität • mangelndes Niveau in der Durchführung des Gottesdienstes • platte Theologie • Taufe als Event • Artikulation des herrschaftskritischen Potentials von Taufe • Modernismen • Pop- und Volkskultur • theologische und liturgische Lässigkeit (Pfarrer in Turnschuhen) Konsequenzen: • professioneller, auch selbstbewusster Auftritt des Pfarrers • die Taufe als Angebot und Service der Kirche • Bereitschaft zur Formatierung als anspruchsvolles Ereignis mit hochkulturellen Elementen

Sinus-Milieu	Ableitung aus Milieuprofil	Erfahrung mit Tauferwartungen	Dos und Don'ts
	• Taufe soll so bleiben, wie sie ist. Hier soll der Mensch nicht experimentieren. Wenn überhaupt, dann sind nur ganz behutsame Weiterentwicklungen möglich.	• bitte, »keine Aufweichung« • Differenz zwischen Eltern und Großeltern hinsichtlich der Vorstellungen, wie Taufe zu gestalten ist • Freude an Mitwirkung im Taufgottesdienst (die Schwester spielt Cello) • Ob Taufe richtig ist, weiß man nicht, wohl aber, dass sie wichtig ist Die professionelle Seite: • »Schwer tue ich mich bei Geldadel.« • »Ich habe mich klein gefühlt, und ich sollte mich auch so fühlen.« • Betonung der eigenen Leistung macht Mühe • Fremdheitsempfinden in einem sehr wohlhabenden Kontext (Kind ist bereits Mitglied im Golfclub) • »Wenn Leute *zeigen*: Wir haben es geschafft, dann kämpfe ich mit Abneigung und Ressentiments.« • »Super Wohnung, sehr ästhetisches, einschüchterndes Ambiente« • in Verbindung mit Taufe Einladung zum 5-Gänge-Menü nach der Tauffeier: »Ich fühle mich unwohl in gesellschaftlichen Zusammenhängen, in denen Menschen beehrt werden müssen.«	• Bereitschaft, sich auf Kontaktwünsche einzulassen • Wir nehmen den Bildungsanspruch ernst, nutzen die alte Form, nehmen die alten Symbole auf, stellen sie in die Geschichte von Theologie und Kirche, erklären sie und stellen sie zugleich in einen evangelischen Kontext • Wichtig ist die selbstkritische Reflexion eigener Emotionen und ihres Einflusses auf die eigenen Reaktionen

Sinus-Milieu	Ableitung aus Milieuprofil	Erfahrung mit Tauferwartungen	Dos und Don'ts
Liberal-intellektuelles Milieu (**LIB**), B1 Einstellung: »Wir sind liberal und erwarten eine weltoffene Haltung.«	• Liberal-Intellektuelle werden bei Gelegenheit der Taufe das Gespräch auch über grundlegende Fragen des Glaubens suchen. • Sie werden bereit sein, zu argumentieren, aber dichtmachen, wo sie auf unkritisch-dogmatische Haltungen treffen. • Sie erwarten, dass Kirche ihnen entgegenkommt.	• Taufe als Ritual für menschliche Grunderfahrung • Infragestellung kirchlicher Regelungen und theologischer Positionen (»Warum soll nicht …?«) • Der Vater ist aus der Kirche ausgetreten, nutzt aber die Begegnung, um Fragen loszuwerden, aus denen eine intensive Diskussion resultiert: Was ist das genuin Christliche am christlichen Glauben? • Diskussion über Taufaufschub. Ist es nicht besser, die Kinder später selber entscheiden zu lassen? Die professionelle Seite: • Eltern sind beide nicht getauft. Ist es möglich, das Kind zu taufen? Drei Begegnungen mit intensiven Gesprächen münden in Taufe auch der Eltern ein	Dieses Milieu ist nicht kirchennah, aber aufgeschlossen. Man will die kirchliche Dienstleistung incl. der religiösen Elemente. Allerdings wird Professionalität, Flexibilität und Aufgeschlossenheit erwartet. Man begegnet den Vertretern der Kirche – mindestens – auf Augenhöhe. Was nicht geht: • bigotte und fromme Rede- und Verhaltensweisen • unprofessionelles Auftreten • als dogmatisch empfundenes Argumentieren Was geht: • Liberal-Intellektuelle wünschen sich bei Gelegenheit der Taufe die Möglichkeit, die Pfarrerin persönlich kennenzulernen • Sie schätzen die Möglichkeit zu tiefgründiger, auch kritischer Auseinandersetzung über Christentum, Religion und Kirche • Sie nehmen sich Zeit für Gespräche über Spiritualität und Religionsphilosophie • Eine selbstkritische Haltung der Kirche wird erwartet Konsequenzen: • klarer intellektueller Kommunikationsstil in der Taufvorbereitungsphase • Bezüge zu aktuellen politischen und kulturellen Diskursen in den Gottesdienst einbauen • Kunst und Kulturelemente integrieren • Diskussionsraum eröffnen und im Gottesdienst manifestieren: das Kind taufen oder später selbst entscheiden lassen – pro und contra erörtern • Angebot entsprechender Glaubens- bzw. Theologiekurse • evangelische Identität markieren und begründen

Sinus-Milieu	Ableitung aus Milieuprofil	Erfahrung mit Tauferwartungen	Dos und Don'ts
Milieu der Performer (**PER**), C I Einstellung: »Das Leben ist ein Projekt.«	• Taufe ist nicht lebensbegleitendes Kasual, sondern religiöser Event; sie ist ein Ereignis, das »ich« gestalte, dem ich meine Individualität gebe, das »ich« »mir« anverwandle. • Taufe ist Ritual, mit dem Kirche in postmoderne Lebenswelt hineinragt. • Der Taufgottesdienst ist eine Veranstaltung, für die Beteiligungsmöglichkeiten erwartet wird. • Taufe incl. aller Implikate hat Sinn, wo sie der Maximierung von Lebensqualität dient. Der Taufgottesdienst ist bunt, und warum sollen in ihm nicht verschiedene kulturelle und spirituelle Formen Platz haben?	• Menschen nähern sich Kirche und Glaube an; Taufwunsch als Folge • Taufe aber nicht im Hauptgottesdienst, sondern möglichst unauffällig • Menschen möchten etwas von der Kirche und sprechen dem Pfarrer als dem Profi religiöse Kompetenz zu • sehr selbstbewusste Auftritte • punktuelle und stimmige Kontakte mit Kirche erwünscht • Pfarrerin als Moderatorin, die möglichst viele Kultur Schaffende miteinander verbindet • Gottesdienst als Event • Kritik der Orientierung an der Taufagende; Vorwurf mangelnder Flexibilität • Taufe in einer Autobahnkirche (BAB 96) • Taufe des Kindes ist Projekt, das inszeniert und auf einer CD festgehalten wird • das Kind selber ist Projekt, das man »durchführt«; Taufe gehört zu diesem Projekt dazu • es soll eine Pfarrerin die Taufe übernehmen, die zu meinem Netzwerk gehört • »Wenn Sie es nicht machen, finde ich einen Pfarrer, der meine Wünsche erfüllt!« • Reflexionsgänge erforderlich, in denen viel erklärt werden muss und kann Die professionelle Seite: • selbstbewusste Haltung »bis zum Bersten« – das fordert heraus und erfordert, dass man auch als Pfarrerin selbstbewusst auftritt. • ungewöhnliche und herausfordernde Erfahrung, Taufe und Kirche erklären und rechtfertigen zu müssen	Die Begegnung mit Menschen aus dem Milieu C I stellt Kirche vor enorme kulturelle und theologische Herausforderungen. Sie erschließt aber auch Kontakte zu einem Milieu, zu dem es sonst kaum oder gar keine Kontaktflächen gibt. Was nicht geht: • Taufe als lebenslange Bindung • Taufe als (ver)alt(et)es Ritual • Restriktionen wie Filmverbot Konsequenzen: • Pfarrer tritt auf als kompetenter Profi in Sachen Glaube und Spiritualität und macht Vorschläge zur individualisierten Gestaltung • Pfarrerin erklärt die Taufe als Fachfrau und nimmt so eine Form von Interesse auf • positive Rezeption der Gestaltungsideen • Flexibilität • Artikulation des Profils evangelischen Glaubens und evangelischer Spiritualität • Theologisches: Wasser als Symbol der Vitalität; Taufe als Fest der Freiheit; Eröffnung von Optionen

Sinus-Milieu	Ableitung aus Milieuprofil	Erfahrung mit Tauferwartungen	Dos und Don'ts
Expeditives Milieu (**EPE**), C12 Einstellung: »Leben heißt Grenzen überschreiten.«	• Kirche ist eine spirituelle Option unter anderen. • Kirche bietet womöglich ein Sinn-Geheimnis, das zu entdecken sich lohnt, aber sie hat religiös kein Monopol. • Kirche ist Ort spiritueller Erfahrungen und Experimente. • Expeditive schätzen es, wenn Kirche sich auf solche neuen rituellen Wege einlässt. • Taufe ist häufig auch Erwachsenentaufe. • Taufe ist ein in hohem Maße selbstbestimmter, sehr individueller Vorgang, an dem der Täufling oder die Tauffamilie aktiv Anteil nehmen. • Taufe wird gerade nicht als traditionelles Ritual gewünscht. • Taufe ist als Teil einer Biographie auch sehr wichtig.	• der Taufe ein eigenes, individualisiertes Gepräge geben (Taufe in einem Zuber) • Taufe mit »besonderem« Wasser (aus dem Jordan) • ein Fabrikantenehepaar lässt sich im Jordan taufen • Sonderwünsche für individuelle Rahmenbedingungen: Taufe am Bach, in der Natur, am fließenden Wasser, draußen, im Frühjahr, verbunden mit einem Fest • Taufe im Fluss Lauter, verbunden mit einem Gottesdienst in einer alten romanischen Kirche als Ort der Kraft • bei der Taufe dem Kind Wünsche mitgeben • die Taufe selber mitgestalten können • mit Wasser experimentieren: Wasser ist Leben; Nichten und Neffen sollen mitplanschen können • Taufe als Kontakt mit dem Element Wasser, das »natürlich« ist • Erleben des Symbols Wasser: integrierter, an die Lebenswelt zurückgebundener Glaube • Taufe als heiliger, spiritueller Ritus • Beobachtung eines »Retro-Trends«, womöglich als Reflex auf eine gewisse protestantische Zurückhaltung gegenüber der Betonung von Ritualen	C12 ist das jüngste und neueste Sinus-Milieu. Es liegen noch nicht viele Erfahrungen vor, an die man anknüpfen kann. Was gar nicht geht: • etwas, was schon immer so war • etwas, das langweilt • etwas, das auf passive Rolle reduziert • Taufe als Event (das wäre »billig«, eher hedonistisch) • Taufe als lebenslange Festlegung auf ein Lebenskonzept • Pfarrer als Besserwisser Was schon eher geht • kreativ sein dürfen • etwas ausprobieren dürfen • selber aktiv sein dürfen • auf Herausforderungen treffen • etwas machen, was es bisher noch nicht gab Konsequenzen: • Interessant und erwartet wird die Taufe »einmal anders«, auch abseits der herkömmlichen Wege • bestimmend ist der Wunsch nach Individualisierung der Taufe • Erwünscht ist die Kirche, die sich auf Experimente in Liturgie und Ritual einlässt. • Sinnvoll ist die Aufnahme von Symboldidaktik. • Nutzung der Symbole (Wasser, Kreuz, Segen, Name, Kerze etc.) • Die Taufe ist zu inszenieren als spirituelles Ereignis mit sinnlichen Elementen. • Theologisches: Jesus als outsider; als outdoorfreak; als spiritueller Abweichler • Taufe als Beginn eines spirituellen Weges mit und zu Gott

Sinus-Milieu	Ableitung aus Milieuprofil	Erfahrung mit Tauferwartungen	Dos und Don'ts
Bürgerliche Mitte (BÜM), B23 Einstellung: »Wir sind die Mitte«	• Taufe ist ein Familienfest. Es muss daher auf die Bedürfnisse eines solchen Festes für die Familie Rücksicht genommen werden. Die Liturgie muss Freunde und Familie miteinbeziehen. • Der Taufgottesdienst ist Teil eines familiären Großereignisses und soll entsprechend gestaltet werden. • Taufgottesdienste dürfen nicht steif, sondern sollen religiös ansprechend und »würdig« sein. • Taufe ist Taufe *meines* Kindes.	• Taufe als Teil eines der Ereignisse, die mit anderen Menschen (Familie und Gemeinde) verbinden • Geburt und Taufe sind Teile eines familiären Ereignisses • Taufe ist (Teil des) Familienfest(es): Verbindung mit dem 80. Geburtstag des Großvaters • Taufe und kirchliche Trauung sollen zusammen in einem Gottesdienst als Teil eines Familienfestes vorgenommen werden • Taufaufschub erwünscht in Elternhäusern mit frommem Hintergrund: Das Kind soll sich selber entscheiden • Taufe vielfach erst bei Konfirmation: Zusammenhang von Geburt und Taufe löst sich zunehmend auf • großes Interesse an Mitwirkung bei Taufe • Taufe ist eine »familiäre Maßnahme« und hat eine primär familiäre Dimension • Wunsch nach Partizipation der Tauffamilie, von der kleinere liturgische Rollen übernommen werden sollen • »Muss das Kind wirklich am Sonntag im Gemeindegottesdienst getauft werden? Geht es nicht auch am Samstag, im Zusammenhang mit einem Familienfest?« • Ambivalente Haltung zur Tradition, die selektiv rezipiert wird, soweit sie »passt« (»Warum soll die Taufe am Sonntag stattfinden?«) • Sorge, dass es bei mehreren Taufen in einem Gottesdienst zu einer »Fließbandtaufe« kommt	Im Milieu B23 begegnet Kirche einer Personengruppe, die dem modernen Selbstverständnis von evangelischer Kirche und ihrem theologischen Begriff als familia Dei am nächsten kommt und die echte Beteiligungschancen eröffnet. Was nicht geht: • steife Tauffeiern • nicht kindgerechte Rahmungen • Taufe als Bruch mit Tradition • Taufe als Routine ohne individuellen Akzent Konsequenzen: • Taufe als Teil eines Familienfestes gestalten • Taufe individualisieren, auch und gerade in einem Gottesdienst mit mehreren Taufen • Beteiligungschancen eröffnen, etwa indem Rollen im Taufgottesdienst übernommen werden (Gebete, Schriftlesung, Rituale) • Flexibilität zeigen im Hinblick auf die Einbettung in die Gemeindegottesdienste: Bereitschaft zu anderen Formaten (Zeiten etc.) • etwa: Taufe im Kinder- oder Krabbelgottesdienst • theologische Akzente: Jesus als Kinderfreund (Mk 10); Verantwortung der Familie für den Lebensweg und die Orientierung des Täuflings

Sinus-Milieu	Ableitung aus Milieuprofil	Erfahrung mit Tauferwartungen	Dos und Don'ts
		• theologisch eher heterodoxe Wünsche, etwa mystische Texte als Schriftlesung • »Warum muss der Taufspruch aus der Bibel sein?« • Jüngere Menschen suchen Orientierung im Internet: Taufsprüche werden gesucht auf www.taufspruch.de • Ein Vater fragt: »Wozu die Taufkerze? Die gab's doch früher auch nicht« • Immer wieder: Die Mutter ist noch in der Kirche, der Vater aber nicht. Er »glaubt auch«, ist aber aus finanziellen Gründen ausgetreten • Arriviertes Migrantenmilieu: Man tut vieles »der Oma zuliebe«, auch wenn man selber weit weg ist von Kirche; Offenheit bei Angeboten für die Kinder (»Konfi-3«); gern akzeptiert: drei Tauf-Termine im Jahr am Sonntagnachmittag Die professionelle Seite: • Die von den Eltern und Paten ausgesuchten Lieder »werden oft nicht gekonnt« • Widersprüchliche Verhaltensweisen: Tradition Ja, aber keine Taufe im Gottesdienst am Sonntagmorgen	

Sinus-Milieu	Ableitung aus Milieuprofil	Erfahrung mit Tauferwartungen	Dos und Don'ts
Adaptiv-pragmatisches Milieu (**PRA**), C2 Einstellung: »Lohnt sich das?«	• Kirche ist eine spirituelle oder religiöse Option unter anderen. • Kirche kommt da in Frage, wo sie sich auf die Bedürfnisse einstellt. • Es besteht (noch) kein Bedürfnis nach dauerhafter Kommunikation und Verbindung.	• »Wann muss ich für die Taufe meines Kindes in die Kirche eintreten? Wann kann ich wieder austreten?« • »Muss auch mein Mann eintreten, oder reicht es, wenn ich als Mutter eintrete?« • »Bedeutet Kindertaufe, dass wir einen Platz im evangelischen Kindergarten bekommen?«	Was nicht geht: • alltags- und lebensfern • verstaubt • ritualisiert • verschlossen • von oben herab • moralisch, ideologisch (Kirche als Weltverbesserin) Was geht: • Kirche, die im Leben steht, die die Bedürfnisse der Menschen kennt und ihnen hilft und die Orientierung bietet • einen Raum für Gemeinschaft eröffnen • zeigen, wie Kirche Menschen dient und hilft; wie sie ihre Kirchensteuer einsetzt • Bezüge zu Themen wie Partnerschaft, Beziehung, Familie, Beruf, Wiedereinstieg in Beruf, Beruf und Familie • professionelles, modernes Auftreten Konsequenzen: • Lebenssituation der Tauffamilie ernst nehmen • individuellen Benefit markieren • unreligiöse, unkirchliche Formatierung • »natürliche«, alltagssprachliche Tonalität • Beteiligung anbieten, aber freilassen • im Anschluss an Taufe zu anderen, weiterführenden und hilfreichen kirchlichen Angeboten einladen, die Bezug zur Lebenssituation haben

Sinus-Milieu	Ableitung aus Milieuprofil	Erfahrung mit Tauferwartungen	Dos und Don'ts
Sozialökologisches Milieu (**SÖK**), B12 Einstellung: »Wir stehen allem kritisch gegenüber.«	• Eigene Akzente, Ideen, »Wege«, Impulse müssen möglich sein und integriert werden können, auch da und dann, wenn sie heterodox erscheinen. • Kirche ist auch hier Beteiligungskirche! • Kirche muss Bereitschaft zeigen, traditionelle Bahnen zu verlassen. • Kirche muss offen sein für undogmatische Einstellungen! Sie muss sich verabschieden von Taufregelungen, die als restriktiv empfunden werden.	• Taufe als Ausdruck für das, was das individuelle Leben »übergreift« und umgreift • Kinder nicht bevormunden; ihnen die Entscheidung über die eigene Taufe überlassen (evtl. Taufaufschub) • Probleme mit der Findung von Paten: vorgeschlagene Personen sind aus der Kirche ausgetreten, aber doch auch »christlich«; sie sind doch auch »getauft« • Infragestellung kirchlicher Regelungen und theologischer Positionen (»Warum soll nicht ...?«) Vg. LIB • Das Kind soll in einem Tauftuch getauft werden, das die Eltern selbst gestaltet haben • Ein Lehrer fordert: »Der Gottesdienst soll nicht so ablaufen, wie das normalerweise der Fall ist. Das soll auch äußerlich, etwa im Schmuck der Kirche, sichtbar sein!«	Dieses Milieu ist ein schwieriger Partner, schon deshalb, weil der oder dem Hauptamtlichen/m der Respekt vor ihrem Amt und seiner spirituellen Autorität, dem er oder sie in traditionellen Milieus begegnet, programmatisch verweigert wird. Was nicht geht: • Taufe als bloßes volkskirchliches Ritual • Taufe als bloße Äußerlichkeit • Kindertaufe als Fremdbestimmung • Kirchlicher Würdenträger von oben herab und unbeweglich • formaler Traditionsbezug; Rekurs auf Kirche als Institution • Talar etc. (als unorganischer Anachronismus empfunden »Verkleidung«) Was geht: • Medium des Dialogs als Weg zu diesen Menschen begreifen • Beteiligungsangebote machen • Möglichkeiten persönlicher und individueller Aneignung bieten • auf Fragen und kritische Rückfragen betr. unsere Praxis eingehen und diese argumentativ verantworten • engagiertem Glauben Priorität vor Kirchenrecht und orthodoxen Richtigkeiten geben • Spiritualität bieten, die anschlussfähig ist (Taizé) • zeitgemäße Bibelinterpretation bieten • Raum geben für eine sehr individualisierte Spiritualität mit mystischen Elementen (Kerzen; Stille; selbstformulierte Gebete) • Gehversuchen Raum geben, die deutlich in ihrem experimentellen Charakter erkennbar sind • evangelische Freiheit und Selbstbestimmung als zentrale Werte christlichen Glaubens hervorheben • Gesprächsbereitschaft zeigen bei heterodoxen Einstellungen und diese diskutieren • Glaubenskurse anbieten, um Besprochenes und Erlebtes kritisch und reflektiert in Ruhe zu vertiefen

Sinus-Milieu	Ableitung aus Milieuprofil	Erfahrung mit Tauferwartungen	Dos und Don'ts
Traditionelles Milieu (**TRA**), AB23 Großeltern-perspektive, oft als treibende Kraft (etwa in Familien mit Migrationshintergrund)	• »Man« tauft; »man« bringt sein Kind zur Taufe. Taufe findet hohe und höchste Akzeptanz. • Wer sein Kind nicht taufen lässt – möglichst früh! – gerät womöglich unter Druck, weil er es gefährdet. • Traditionelle, womöglich regional-lokal gewachsene Gestalten von Tauformen sind wichtig. • Es gilt: kein Firlefanz, keine Experimente! Neuerungen sind eher unerwünscht. »Wir haben das schon immer so gemacht. Wie kann heute schlecht sein, was früher gut (genug) war?« • Der Pfarrer hat Autorität, kann sie aber auch verspielen. • Das Taufmotiv ist die Integration in eine Gemeinschaft (»Volks«-Kirche).	• So »ist« Kirche! Taufe gehört dazu, und zwar im Gemeindegottesdienst! • Die Oma fragt, was »man« denn da so macht bei der Taufe • Die Eltern sind aus der Kirche ausgetreten, wollen aber, dass das Kind »zur Kirche dazugehört« • Durch Taufe dazugehören wollen zur Mehrheit der Menschen, unter denen man lebt (Taufe als gesellschaftliches Integrationsritual) • Die Taufe soll möglichst schnell vollzogen werden. Die Mutter soll mit dem Baby nicht vor der Taufe auf die Straße (Taufe als Schutzritus) • Taufe soll nur mit (Familien-)Bibel geschehen • Taufe eines Kindes vor einer schweren Operation, um es so in Gottes Hand zu legen • »Das Kreuzle« muss gesegnet werden (speziell im russlanddeutschen Kontext der Usus, das Kreuz, das dem Kind geschenkt wird, ins Taufwasser zu tauchen) • Taufe aller Kinder, auch der älteren noch nicht getauften: Zwingen des ganzen »Taufhauses« zur Taufe • Taufe gehört dazu, weil man »evangelisch« ist und nur bisher noch keine Möglichkeit zur Taufe hatte (russlanddeutscher Hintergrund) • Die »Mamuschka« lässt das ganze Haus taufen • Die Konfirmandin wird getauft; bei der Gelegenheit werden die beiden Schwestern direkt mitgetauft. Die noch ungetaufte Mutter bleibt ungetauft: »Das ist (etwas) für die Kinder« • Erfahrung: nach den ersten Taufen ziehen andere Familien in der Gruppe nach • Taufe vor dem Sterben als Abschiedsritus, der die Nähe Gottes vergewissert • Formal hoher Stellenwert der Tradition, inhaltlich tabula rasa	Auch im Milieu AB23 wird ein möglicher Widerstand und Konflikt nicht aus mangelnder Vertrautheit mit traditionellem Taufgebaren resultieren, sondern sich vielmehr an Änderungs- und Modernisierungsversuchen entzünden. Was nicht geht: • Abweichung vom Normalen als dem, was alle tun • Separater Gottesdienst außerhalb des »Hauptgottesdienstes« Konsequenzen: • Die Kirche hat im ländlichen Raum – ob Pfarrer das wollen oder nicht – einen immer noch großen Einfluss und ist Teil der Volkskultur • das Evangelische erklären • Orientierung an der Tradition respektieren und diese verlebendigen • Erwartungen aufnehmen, differenzieren und theologisch klären • positive Elemente aufnehmen und stärken (Geborgenheit in Gottes Hand) • eher heterodoxe Anschauungen unter Betonung der orthodoxen Erwartungen kritisch ansprechen (Taufe als Schutzritus) • Erfahrung von Kirche als gesellschaftlicher Größe positiv aufnehmen • Taufe als Integration in Kirche und Gesellschaft! (Theol.: Kirche als Volk Gottes) würdigen • Tauffeier als Familienfest formatieren lassen und Taufe als Teil desselben gestalten: Familie einbeziehen

Sinus-Milieu	Ableitung aus Milieuprofil	Erfahrung mit Tauferwartungen	Dos und Don'ts
		• Scheu, sich in den Gottesdienst einzubringen • Kindertaufe als Akt der Integration (das Kind kommt in die Schule; es wird getauft, damit es nicht »vd« ist und ausgegrenzt wird) • Taufe als Eingliederung in die Dorfgemeinschaft, auch zur »Legitimation« von unehelichen Kindern • Taufe in die Konfession, die vorherrscht. Auch Konfessionswechsel. Das Kind soll nicht ausgeschlossen sein • Die Mutter hat im Saarland in einem überwiegend katholischen Milieu ein Kind katholisch getauft; nach dem Umzug nach Württemberg will sie ihr zweites Kind hier evangelisch taufen • Taufe bedeutet: das Kind in der Kirche beheimaten – dort, wo man schon selbst gute Erfahrungen gemacht hat • Taufe als Familienfest (mit 150 Gästen; russlanddeutscher Hintergrund) • Taufe als Familienfeier kollidiert mit anderen Gottesdienst-Teilnehmern • Foto mit Pfarrerin im vollen Ornat erbeten • Filmaufnahme des Gottesdienstes, damit die DVD nach Kasachstan geschickt werden kann Die professionelle Seite: • »Mir ist unwohl, weil diese Volksmusik nicht mein Ding ist!« • »Menschen leben in einer Lebenswelt, die nicht meine ist.« • Taufe als Störfaktor: Zahl der Teilnehmer am Gottesdienst verdreifacht sich. Menschen verlassen den Gottesdienst für »Zigarettenpausen«.	

Sinus-Milieu	Ableitung aus Milieuprofil	Erfahrung mit Tauferwartungen	Dos und Don'ts
Prekäres Milieu (**PRE**), B3 Einstellung: »Wir würden so gerne dazu gehören.«	• Die Taufe eines Kindes aus der eigenen Familie ist ein Status-Ereignis. • Wichtig ist, dass der Taufgottesdienst genauso würdig und anspruchsvoll ausfällt wie bei Taufanlässen der Mittelschicht. • Taufe wird religiös interpretiert als etwas Gutes, das dem Schutz des Kindes auf seinem Lebensweg dient.	• Wunsch nach Segnung auch des Goldkettchens, das den Täufling begleiten soll auf seinem Lebensweg • Taufe mit völligem Untertauchen im heiligen Wasser • Nicht ungetauft sterben wollen • Kindertaufe wird wieder normal(er): »Man tauft Kinder« • Das Kind soll getauft werden, damit es – in der Gesellschaft – keine Nachteile erleidet • Man will durch Kindertaufe »so normal« wie möglich (gemeint ist die Zugehörigkeit zur Bürgerlichen Mitte) sein • Dem Kind »nichts vorenthalten« • Hoffnung auf Schutz durch eine höhere Macht • Häufigster, dominierender Taufspruch: Ps 91,11f • das Dazugehören durch die Taufe der eigenen Kinder ist wichtig • Begehren nach einem eigenen Tauf-Gottesdienst am Samstag • Was kostet die Taufe? Man ist knapp bei Kasse. Wie kann Taufe bezahlbar sein? Wenn überhaupt, dann in kleinerem, nicht so großen Rahmen. Aber fällt man damit nicht zurück? • »Haben wir genug Geld für das Konfi-Kleid?« (Das muss – entgegen den materiellen Möglichkeiten – etwas »ganz Besonderes« sein) • Man muss das Kind ganz besonders ausstatten, auch wenn das in krassem Gegensatz zu den eigenen finanziellen Möglichkeiten steht • Man will nichts falsch machen und ist zu Entgegenkommen bereit • Bereitschaft zum Taufgespräch im Pfarrhaus Die professionelle Seite: • »Ich hab' den Eindruck, bei den Taufgesprächen prallen zwei Welten aufeinander.« • »Ich kann bestimmte Fragen nur sehr schwer ansprechen, kann nur schwer zu ihnen hinlenken.« • Verunsicherung bei der Aussage: »Ich kann mit Büchern nichts anfangen« • Man fühlt sich ganz »unwohl«, »wenn die Sprache fehlt«; wenn man sich offenbar sprachlich nicht angemessen artikulieren kann. • Unangenehmes Gefühl: »Wie kann man hier leben?«	Die Chance einer Begegnung mit Mitgliedern aus dem Milieu B3 besteht darin, unter Bezug auf den lebendigen, in Jesus Christus offenbaren Gott Segen, Schutz und Sinn anbieten und vermitteln zu können. Was nicht geht: • unverständliche Sprache • intellektuelle Überforderung • Intellektualismen • zu langer Gottesdienst • Empfinden der Missachtung • Sorge, sich nicht auszukennen und zu blamieren • Überforderung durch die Organisation von Taufe und die für sie notwendigen finanziellen Ressourcen • Stigmatisierung (etwa wenn Alleinerziehende alleine vorne stehen müssen) Was geht: Ein wertschätzender Umgang mit einem gediegenen »Service« wird Menschen aus diesem Milieu am ehesten gewinnen. Konsequenzen: • Theologisches: Schutzbedürfnis ernst nehmen und theologisch entsprechend umsetzen • Integrationswunsch berücksichtigen und Gestalt geben • Rücksicht auf prekäre familiäre und wirtschaftliche Verhältnisse nehmen • ggf. wirtschaftliche Hilfestellung geben (ermäßigte Nutzung des Gemeindehauses) • den Gottesdienstablauf erläutern und Hilfestellungen für die Partizipation geben • Flexibilität üben hinsichtlich der Formate für Taufgottesdienste

Sinus-Milieu	Ableitung aus Milieuprofil	Erfahrung mit Tauferwartungen	Dos und Don'ts
Hedonistische Milieu (**HED**), BC23 Einstellung: »Das macht keinen Spaß; da machen wir nicht mit.«	• Taufe und Taufgottesdiensten steht der Hedonist kritisch distanziert gegenüber. • Er fühlt sich unwohl, eingeengt und eingezwängt durch den konventionellen, nach strengen und nicht verstandenen bzw. nicht bekannten Regeln ablaufenden Gottesdienst. Dieser wirkt auf ihn dunkel, trist, spaß- und sinnlos. • Der Hedonist fühlt und weiß sich deplaziert. • Er lehnt die starren Regeln dieser bürgerlichen Institution schon als solche ab. • Kaum Interesse an religiösen Fragen, wohl aber an Sinn- und Lebensfragen und an Orientierung.	• Taufe als Zeichen gegen die (Lebens-)Angst • Taufe, damit das Kind »in der Hand von jemandem Größeren ist« • verletzliches Leben durch Taufe schützen Hilflosigkeit von beiden Seiten: • Menschen, zu denen Pfarrer ganz schwer Zugang finden; • Menschen, die ganz schwer Zugang zur Kirche finden • nicht in die Kirche eintreten, damit Kirche keine Kirchensteuer bekommt • Aversion und Aggression gegen Kirche und Pfarrer • unangemessene Kleidung (»Ausschnitt bis zum Bauchnabel«) und »unpassendes« Verhalten im Taufgottesdienst • auffallende Verhaltensweisen (Reden in der Bank; mehrfach mit dem Kind durch die Kirche laufen)	Hedonisten sind die »schwierigsten Kunden«, wenn man sich denn für sie interessiert. Wer sie erreichen will, muss versuchen, sie »unterwegs« zu erreichen. Was nicht geht: • Berufung auf Tradition und Regeln, das »Normale« • Unverständliche Sprache, Lieder, Liturgie • Taufe als Spießer-Veranstaltung Was geht: • das Direkte, Spontane, Ungefilterte • das Extreme, Ungewöhnliche • das Kreative • das, was aus der Rolle fällt • Eigeninitiative, Mitmachen, Provokation Konsequenzen: • authentisch sein, locker sein, flexibel sein • alltagssprachliche Kommunikation • Musikwünsche berücksichtigen • Wichtig und erfolgversprechend ist es, Taufe und Taufgottesdienst ruhig und im Detail zu erklären • Theologie: Die Suche und das Bedürfnis nach Schutz kann ein Anliegen sein, an das die Taufe als Zuspruch der Nähe und Gegenwart des Gottes anknüpfen kann, der mit uns »unterwegs«, auf dem Weg sein will. • Theologische Brücken: Johannes der Täufer, Jesus, die ersten Christen als outlaws • Biblische Motive: Engel können ebenfalls eine Brücke sein, da sie sowohl in der Bibel Manifestationen Gottes sind, als auch in der Vorstellungswelt von HED vorkommen

f) Pastoraltheologische Konsequenzen: Wie wir profitieren können

1. Wahrnehmungen

(1) Signifikante Unterschiede

Auffällig ist, dass die Zahl der Rückmeldungen zu den einzelnen Milieus sich signifikant unterscheidet:

- Am meisten Rückmeldungen gibt es über Kontakte zu Kirchenmitgliedern bzw. Personen aus den Milieus AB23 (TRA), AB12 (KET) und B23 (BÜM).
- Die wenigsten Berichte gibt es über Kontakte zu Personen, die den Milieus BC23 (HED), C2 (PRA) und C12 (EPE) angehören.
- Kontakte in die Milieus AB12 (KET), C1 (PER) und natürlich B12 (SÖK) und B1 (LIB) nehmen einen mittleren Platz ein.

(2) Drei Qualitäten

Auffällig ist weiter, dass sich die Rückmeldungen auch hinsichtlich der Qualität der Kontakte in dreifacher Weise unterscheiden lassen:

- Am »unproblematischsten« stellen sich – jedenfalls für eine bestimmte Perspektive! – die Erwartungen an Taufe dar, die von Personen aus den Milieus AB23 (TRA), AB12 (KET) und B23 (BÜM) artikuliert werden. Sie sind mehr oder weniger stromlinienförmig und »politisch respektive theologisch korrekt«, insofern sie den Traditionen und herkömmlichen Formaten von Kirche entsprechen.
- Die Kontakte in die Oberschichtmilieus AB12 (KET), B1 (LIB) und C1 (PER) hinein gestalten sich einerseits schwieriger, weil hier eine Lebenswelt begegnet, die der des Pfarrers eher fremd ist: sehr selbstbewusstes, gestaltungswilliges, durchsetzungsstarkes Auftreten in einem eher einschüchternden Ambiente. Andererseits gibt es die Möglichkeit eines anspruchsvollen, niveauvollen Kontaktes, der es erlaubt, eine Ebene zu finden, auf der man sich treffen kann.
- Am »schwierigsten« sind die Kontakte in die Lebenswelten BC23 (HED), B3 (PRE) und – mit Abstrichen – C2 (PRA) und C12 (EPE) hinein. Die Pfarrerin bewegt sich hier in einer Welt, die ihr ebenso fremd ist, wie es Kirche und Taufgottesdienst für die Tauffamilie sind.[26] Die artikulierten Tauferwartungen werden von den Kolleginnen und Kollegen oft nur noch als skurril, magisch, unästhetisch, verirrt, unkultiviert wahrgenommen. Es zeigen sich Abwehrreaktionen, die die geäußerten Wünsche als theologisch nicht akzeptabel (»nicht evangelisch«; »nicht vereinbar mit reformatorischer Theologie« etc.) verwerfen lassen.

[26] Charakteristisch ist die von einer Pfarrerin mündlich geäußerte Frage: »Man fragt sich: Wer ist falsch, die oder wir?«

(3) Drei Typen

Ansatzweise bildet sich damit so etwas wie eine Typologie mit drei Typen ab: Es ist ja bei all diesen Analysen zu berücksichtigen und noch einmal explizit zu betonen, dass wir von Menschen sprechen, die Mitglieder einer evangelischen Kirche sind und - bis zum Beweis des Gegenteils durch Austritt - auch als solche angesprochen werden wollen und das Recht haben, dass wir ihnen als solchen begegnen:

- **Typ I**: die Menschen, die zu den prämodernen und dem bürgerlichen Milieu gehören und die - nicht ganz unproblematisch - in der KMU als »kirchennah«[27] qualifiziert werden: AB23 (TRA), AB12 (KET, freilich immer weniger[28]) und - mit Abstrichen - B23 (BÜM).
- **Typ II**: die Menschen, die sich eher weniger zu den kirchlichen, speziell gottesdienstlichen Veranstaltungen halten, zu denen wir aber intellektuell und bildungsmäßig noch einen Zugang finden: B1 (LIB), C1 (PER) und B12 (SÖK).
- **Typ III**: die Menschen, die nicht (konservativ-)bürgerlich und nicht traditonal orientiert sind und sich in Lebenswelten bewegen, die dem »normalen« Pfarrer eher unbekannt sind. Hierhin gehören die Milieus der Expeditiven (C12 [EPE]), der Adaptiv-Pragmatischen (B2 [PRA]) und der Hedonisten (BC23 [HED]), aber eben auch der Menschen, die in prekären Lebensverhältnissen leben (PRE [B3]).[29]

2. Konsequenzen aus der Milieuperspektive für die Gestaltung des kirchlichen Taufhandelns

Nimmt man die milieuspezifischen Einstellungen und Gegebenheiten ernst, legen sich u.a. folgende praktische Konsequenzen für die Gestaltung des kirchlichen Taufhandelns in seiner ganzen Breite nahe.

(1) Sensible Wahrnehmung der Chancen

Zunächst ist grundsätzlich wichtig, sich zu vergegenwärtigen, welche Bedeutung den Begegnungen zukommt, die sich im Prozess des kirchlichen Taufhandelns,

27 Gerade die Sinus-Studien zeigen, dass »kirchennah« und »kirchengemeindenah« unterschieden werden müssen. Der suggestive Sprachgebrauch verleitet dazu, diese beiden Größen zu verwechseln.

28 Auch an dieser Stelle lohnt sich der Blick auf die Verschiebungen, die den Wechsel vom Milieu-Modell 2001 zum Milieu-Modell von 2010 nötig machten. Die »Konservativen« sind eben als eigenständige Gruppe nicht mehr abbildbar und werden nun mit den »Etablierten« zusammengefasst, die aber nicht die gleiche »Kirchennähe« zeigen.

29 Diese Analyse wird weitgehend gedeckt durch die Milieuverteilung, die die Sinus-Studie für Baden und Württemberg für 2012 ermittelt hat. Danach liegen die Mitgliedschaftsanteile der beiden Kirchen im Südwesten für PRE, HED und PRA weit unter dem Bevölkerungsanteil in Baden-Württemberg (vgl. meinen Bericht vor der Landessynode der Evangelischen Landeskirche in Württemberg am 28.11.2012. Download-Möglichkeit über www.heinzpeter-hempelmann.de).

von der Erstbegegnung bis hin zu Kontakten nach dem Taufgottesdienst, ergeben. Vielfach handelt es sich um eine der manchmal ganz wenigen Möglichkeiten für Menschen aus kirchenfernen Milieus, Kirche kennenzulernen bzw. umgekehrt zu solchen Personen Kontakt aufzunehmen. Hier ist darum eine ganz besondere Sensibilität geboten. Hilfreich und weiterführend ist das Konzept einer Gastfreundschaft, die wir Menschen auf Zeit und bei dieser Gelegenheit im Raum der Kirche auf ihren Wunsch hin (!) gewähren. Hier liegen ungeheure Chancen, ein eventuell negatives Bild von Kirche und Evangelium zu korrigieren und zum Positiven hin zu wenden.

Wir müssen wahrnehmen, dass auch für die Begegnung mit Kirche anlässlich des kirchlichen Taufhandelns gilt: Das Medium – sprich: die Formatierung des Geschehens – ist die Botschaft, gerade für die Kirchenmitglieder, die Kirche eher selten oder sonst nie begegnen. D.h. die Art und Weise, wie wir den – oftmals kirchendistanzierten und lebensweltlich kirchen-»fernen« Kirchenmitgliedern – begegnen, die Offenheit und Aufgeschlossenheit, die wir zeigen oder eben nicht zeigen, ist unabhängig von dem, was wir sagen, schon ein Teil der Botschaft. Die Menschen, die uns anlässlich der Taufe begegnen, fragen:

- Dominieren Formulare und Amtsakte? Begegne ich also einer Behörde? Ist die Leitfrage: Hat alles seine Richtigkeit?
- Habe ich es mit Menschen zu tun, die sich für mich interessieren und mir einen Dienst tun wollen (Kirche als »Dienst«-Leisterin)?
- Gibt es Optionen? Ist Vielfalt erwünscht? Darf ich kreativ sein?
- Kommt man mir entgegen? Buchstäblich? Kommt die Pfarrerin ins Haus? Gibt es starre kirchenrechtliche Regelungen, die meinen Wünschen entgegenstehen und die ich nicht nachvollziehen kann? Gibt es ein Eingehen und Zugehen der Kirchengemeinde auf meine privaten Wünsche und familiären Verhältnisse?

(2) Herausforderungen positiv als Chancen begreifen

Grundsätzlich gilt: Wir fragen nach den Chancen, das Evangelium auch in anderen als dem prämodernen und dem bürgerlichen Milieu zu kommunizieren. Der Ansatz eines missionarischen und darum milieuübergreifenden kirchlichen Handelns bedeutet,

- sich auf das jeweilige Milieu, seine Menschen und ihre Vorstellungen einzulassen,
- seine Mitglieder in der Kirche soweit wie möglich zu beheimaten.

Daraus ergibt sich eine bestimmte Perspektive: In der uns begegnenden Kreativität, in den Vorschlägen zur Gestaltung von Liturgie und Gottesdienst, in Inszenierungen und Wünschen nach Beteiligung liegen große Chancen, Taufliturgie zu verlebendigen, zu aktualisieren, zeitgemäß zu gestalten und mit dem Leben der Menschen in Kontakt zu bringen: *Tua res agitur*! Es handelt sich um Provokationen im besten Sinne. Der Grundton unserer Reaktion kann darum nur positiv sein.

(3) Milieuspezifische Formatierungen des kirchlichen Taufhandelns als Teil der Lebensweltlogik identifizieren

Schaut man milieusensibilisiert auf die Erwartungen und Vorstellungen von Paten und Eltern, erkennt man:

- Menschen in prekären Lebensverhältnissen (etwa PRE, HED) identifizieren Taufe als Akt der Zugehörigkeit und der Absicherung,
- Bürgerliche inszenieren Taufe als Familienfest,
- Konservativ-Etablierte begehen Taufe als gesellschaftliches Ereignis,
- Postmoderne gestalten Taufe als individuelle spirituelle Option und als Event,
- Experimentalisten suchen in der Taufe die spirituelle Erfahrung und Erweiterung ihres Horizontes,
- Hedonisten fürchten Taufe als spießiges Ereignis einer »tote Hosen«-Institution.

(4) Unterschiedliche Taufmotivationen würdigen

In Begegnungen mit Taufeltern und -paten werden immer wieder sehr unterschiedliche Motivationen für den Taufwunsch artikuliert. Diese sind nicht theologisch zu zensieren, im doppelten Sinne, sondern als Anknüpfungspunkte für ein evangelisches Taufverständnis auf- und ernst zu nehmen.

- Das gilt z.B. für die »Traditionsleitung«. Traditionen sind wichtig für gelingendes Leben. Eine Orientierung an Traditionen darf darum nicht als defizient abgewertet werden. Vielmehr liegen hier Chancen zu verdeutlichen, was es heißt, sich als evangelisch zu verstehen.
- Das »Schutzinteresse« im Angesicht von Tod und Gefährdung ist ebenso wenig zu diskreditieren, zumal ja etwa ein Schlüsseltext wie Röm 6,3ff selber diesen Zusammenhang[30] thematisiert. Hier ist die Chance gegeben, diesen Schutz in einem umfassenderen Sinne zu thematisieren.
- Wo Taufe als Bitte um Bewahrung verstanden wird, ist das nicht einfach als magisch zu verurteilen. Vielmehr wenden sich Menschen an den Gott, der sie retten will, und artikulieren eine Form von Vertrauen, das ausbaufähig ist. Diese Erwartung kann dann von uns mit biblischen Vertrauenstexten ins Gespräch gebracht werden.
- Auch der Wunsch nach Zugehörigkeit nimmt ein Element der Tauftheologie auf. Hier kann die Bedeutung des Volkes Gottes und die Bedeutung einer Weggemeinschaft angesprochen werden. Entscheidend ist die Haltung, in der diese manchmal allerersten, zaghaften, individuellen Versuche einer Annäherung an Glaube, Gott, Kirche aufgenommen werden.

30 In der Sinus-Studie für Baden-Württemberg war das Statement, das von Seiten der Befragten die meiste Zustimmung bekam, die Aussage: »Ich möchte einmal kirchlich bestattet werden.« Taufe eröffnet den Zugang zu einer quasi metaphysischen Absicherung hinsichtlich der Fragen nach Tod und ewigem Leben. Angesichts des Todes bekennen wir nach Röm 6,8, »dass wir mit ihm leben werden«.

(5) Zumutungen unterscheiden

Es gilt, zwischen zwei unterschiedlichen Arten von Zumutungen zu unterscheiden:

- Die einen können und sollten wir vermeiden. Sie betreffen die Ästhetik der Lebenswelt, also etwa die Gottesdienstform, die Sprache, den Stil der Veranstaltung und die Musik. Hier können und dürfen wir anknüpfen an die vorhandenen Erwartungen und Wünsche und dadurch kulturelle Barrieren und Vorbehalte gegenüber der Kirche abbauen. Wir müssen niemanden verärgern, der im Gottesdienst fotografieren oder filmen will, nur weil es hier eine Ordnung gibt, die wir einmal beschlossen haben. Bei der Entscheidung über den Einsatz verschiedener Musikstile dürfen wir uns vergegenwärtigen: Weder die klassische Hochkultur noch die aktuelle Popularkultur sind als solche christlich.
- Die andere Art von Zumutungen betrifft die sachlich-theologische Substanz. Hier gibt es womöglich Anstöße, die wir nicht beseitigen, aber produktiv bearbeiten können, etwa indem wir Elemente der Taufliturgie erklären oder Gestaltungsvarianten aufzeigen und Partizipationschancen eröffnen.

Wenn jemand sich am Fotografierverbot stört, weil diese Taufe für ihn das Event des Jahres ist, das er festhalten möchte wie alles, was ihm sonst noch wichtig ist im Leben, können und müssen wir entgegenkommen. Wenn jemand von den Paten Schwierigkeiten mit dem Versprechen hat, das Kind christlich zu erziehen und prägen zu wollen, ist das eine Chance zu erklären, was eine christliche Taufe ist und wozu sie geschieht.

Der Bruch mit ungeschriebenen Gesetzen oder üblichen Ordnungen wird vielfach auch als Zumutung empfunden. In manchen Fällen, in denen das, was »man immer schon so gemacht« hat, bestimmten Wünschen entgegensteht, kann es eine Hilfe sein vorzuschlagen, dass Ortstraditionen, die ja selber irgendwann einmal entstanden sind, nicht einfach fortgeschrieben, sondern überprüft und überdacht werden.

(6) Über der eigenen Hilflosigkeit das Menschliche als Basis und Brücke entdecken

Es gibt auch die Erfahrung weitgehender Hilflosigkeit, weil kaum oder fast keine gemeinsame (kulturelle, sprachliche, ästhetische) Basis mehr da ist (etwa bei Kontakten in BC23 [HED] hinein); weil es keine Methoden und Modelle mehr gibt, die Brücken sein könnten. Das Menschliche ist dann vielleicht noch die einzige Brücke, die Vorurteile und Barrieren überwinden kann. Die Wahrnehmung des Fremden, des anderen Menschen und der Versuch, zu ihm – zweckfrei – einen Kontakt aufzubauen, ist in vielen Situationen das einzige, was bleibt und was uns als Auftrag gegeben ist.

(7) Menschen in prekären Verhältnissen entgegenkommen: eine Bewährung des milieusensiblen Ansatzes

Eine aktuelle Untersuchung des Sozialwissenschaftlichen Institutes (SI) der EKD[31] zeigt einen Sachverhalt, der aus der Milieuperspektive erst richtig Profil gewinnt:

- Zwar gilt einerseits: »Nach wie vor werden fast alle Kinder von verheirateten [!] evangelischen Eltern getauft.«[32]
- Umgekehrt gilt aber: »Kinder von evangelischen Müttern, die nicht verheiratet sind, werden überwiegend nicht getauft.«[33]

Anhaltend stabil ist die Taufpraxis gerade dort, wo sich demographisch der größte Geburtenrückgang zeigt, im Bereich der Bürgerlichen Mitte und der Konservativ-Etablierten. Demgegenüber werden Kinder überwiegend nicht getauft, wo der Anteil der Geburten immer mehr steigt: bei Geburten von nicht verheirateten Müttern (Taufquote: West-Deutschland nur 25,35 %, Ost-Deutschland nur 26,53 %, bezogen auf das Jahr 2003). Inzwischen werden hier, also in Familien, die im Wesentlichen den Milieus mit prekären Lebensverhältnissen zuzuordnen sind, 46 % der Kinder geboren. Zu denken ist also v.a. an B3, das Milieu der PRE. Im Klartext: In den kirchenverbundenen Milieus werden relativ am meisten, absolut am wenigsten Kinder getauft. In den kirchendistanzierten Milieus werden absolut am meisten Kinder geboren, aber am wenigsten getauft.

Das SI sieht hier eine dramatische Entwicklung und fragt zu Recht: Wie gehen wir in der Kirche mit den Alleinerziehenden um, milieuspezifisch gefragt: Wie gehen wir mit den Kirchenmitgliedern um, die zu B3 (PRE) (und zu BC23 [HED]) gehören? Das kann zu einer Existenzfrage für die Kirche werden. Flexibilität und Offenheit für alternative gottesdienstliche Formate der Taufkasualie legen sich besonders bei Familien aus prekären finanziellen, wirtschaftlichen und sozialen Verhältnissen nahe.

Die große Resonanz etwa des Ulmer Tauffestes von 2009 erklärt sich eben daraus, dass Kirche hier Menschen eine ihrer Lebenswelt entsprechende Möglichkeit geboten hat, Taufe nachzuholen.[34] Der Anteil der Alleinerziehenden lag bei 45 %! Es waren die Singles, Geschiedenen, Verwitweten, die die Taufe aufgeschoben und bei dieser »passenden« Gelegenheit nachgeholt haben. Die Rahmenbedingungen »passten« auf die Lebensweltbedingungen der Menschen, die

[31] Sozialwissenschaftliches Institut der Evangelischen Kirche in Deutschland (EKD), *Ungebrochene Akzeptanz der Taufe bei verheirateten Eltern – Erhebliche Lautunterlassungen bei Alleinerziehenden – Verbesserungsmöglichkeiten beim Taufvollzug. Analysen zum Taufverhalten der evangelischen Bevölkerung in Deutschland*, Hannover 2006.

[32] *Ungebrochene Akzeptanz*, 3.

[33] *Ungebrochene Akzeptanz*, 6.

[34] Ähnliche Beobachtungen gab es 2011 auch in der Evangelischen Kirche in Baden anlässlich des landesweiten Tauffestes (vgl. Matthias Kreplin, Auswertung Landeskirchlicher Taufsonntag 9./10. Juli 2011) und EKD-weit bei vielen anderen Tauffesten.

man erreichen wollte. Das spezielle Taufangebot hat darüber hinaus vor allem Menschen angesprochen, die in besonderer Weise schutzbedürftig sind und/oder sich vor einem exponierten Aufritt in einem gutbürgerlichen Kontext scheuen. Die Auswertung nennt »Eltern aus Ostdeutschland, ein Elternteil Moslem oder Buddhist, ein Elternteil farbig, Behinderung eines Kindes oder eines Elternteiles, offensichtliche Armut«. Wiederum haben wir es mit einer spezifischen Milieukennzeichnung zu tun.

Die Anlage des Tauffestes trug den speziellen Bedürfnissen der angesprochenen Personengruppe in besonderer Weise Rechnung. Die Veranstaltung bot die Möglichkeit, die empfundenen Defizite (keine angemessene Kleidung, fehlende finanzielle Möglichkeiten zur eigenen Gestaltung der Tauffeier usw.) zu kompensieren und eben mit anderen in einer ähnlichen oder vergleichbaren Lage zu feiern. Kirche ist Menschen milieuspezifisch entgegen gekommen. Und die Menschen sind zur Kirche gekommen.

(8) Flexibilität hinsichtlich gottesdienstlicher Einbindung der Taufhandlung

Die Gründe für einen Gemeindegottesdienst als angemessenen und theologisch notwendigen, ja allein theologisch legitimen Rahmen für die Taufe sind oft genug benannt worden. Sie führen im Ergebnis aber häufig zu einer Unbeweglichkeit, die der Kirche und der Weitergabe des Evangeliums schaden kann. Vergegenwärtigen wir uns einige Gegenargumente:

- Es gibt bereits im Neuen Testament Taufhandlungen außerhalb des Gemeindekontextes und unabhängig von einer Ortsgemeinde (vgl. Apg 8,26–40, die Geschichte vom sog. »Kämmerer aus dem Morgenland«).
- Bis 1973 nennt die EKD-Statistik des kirchlichen Lebens noch verschiedene Tauforte wie den Gemeinde- oder Kindergottesdienst, Taufen außerhalb regelmäßiger Gottesdienste, Haustaufen sowie Kliniktaufen.

Es kann also nicht davon die Rede sein, dass Taufen schon immer und im Regelfall selbstverständlich im Gemeindegottesdienst vollzogen wurden.
Die Taufe »in eine Ortsgemeinde hinein« ist empirisch illusionär, wenn Menschen vor und erwartungsgemäß auch nach der Taufe das Leben der Kirchengemeinde vor Ort meiden. Wer auf der Taufe im Gemeindegottesdienst beharrt, droht, einem ekklesiologischen Doketismus zu erliegen. Die Konzentration der Taufpraxis auf die sog. Gemeindegottesdienste impliziert eine Gleichsetzung von Gemeinde und parochialer Kirchengemeinde. Damit wird nicht nur die Familie als angestammter Taufzusammenhang (*oikos*) entwertet, sondern auch die Kirchengemeinde überfordert.[35] Gemeinde ist eben auch familial strukturierte Hausgemeinde. Bis heute ist die Familie für die meisten Menschen entscheidend für ihren Glaubensweg. Hier müssen wir ansetzen. Die Herausforde-

[35] So mit Recht Christian Grethlein, »Taufpraxis im Wandel – Herausforderungen und Chancen.« Vortrag vor der Gesamtsynode der Evangelisch-reformierten Kirche am 19. Mai 2011 in Emden (Download-Möglichkeit über www.reformiert.de).

rung besteht natürlich darin, dass auch dieser *oikos* eine geistlich gefüllte, substantielle Gestalt gewinnt.[36]

- Das Prinzip einer Taufe im sonntäglichen Hauptgottesdienst »stresst« die Kerngemeinde eben in dem Umfang, in dem sich die Tauffamilie in ihr fremd fühlt. Weder der Gemeinde noch der milieufremden Tauffamilie tut man einen Gefallen, wenn man zusammenbindet, was nur einer theologischen Theorie nach, nicht aber der Lebenswirklichkeit nach zusammengehört. Der Heilige Geist nimmt uns aber just in unserer Wirklichkeit wahr und geht nicht an ihr vorbei.
- Der sog. Einschub, im Laufe dessen in ca. 10 Minuten eine Taufe während des Gottesdienstes vollzogen wird, entwertet die Taufe – jedenfalls dann, wenn man diese Praxis aus kirchengeschichtlicher Perspektive anschaut und das Gewicht von Taufe im Zusammenhang von Katechumenat und Abendmahl wahrnimmt.
- Wir werden und wirken unflexibel, traditionsfixiert und letztlich lieblos, wenn wir Menschen nicht auch in der Frage alternativer Ansätze für einen Gottesdienstbesuch entgegenkommen können.
- Schließlich schaden wir durch einen »morphologischen Fundamentalismus« auch unserer missionarischen Ausstrahlung und verprellen womöglich Menschen, die wir dominieren, statt sie durch eine Atmosphäre gewinnender Gastfreundschaft für Kirche und Evangelium öffnen zu wollen.

g) Pastoraltheologische Anregungen

Eines der wichtigsten Ergebnisse der vorliegenden Erhebungen, so bruchstückhaft sie noch sind, liegt darin, dass durch die milieutheoretische Perspektive auf das pastorale Tun aufgedeckt und sichtbar wird, dass die Pfarrerin selbst als Person in ihren subjektiven Prägungen, mit ihren individuellen ästhetischen Vorlieben und ihrer eigenen kulturellen Prägung nicht über den zu begleitenden Menschen steht, sondern »Teil des Spiels« ist.

Es sind in mehrfacher Hinsicht Einstellungen, Prägungen und Empfindungen der taufenden Person, die Menschen anderer Milieus den Zugang zu Kirche erleichtern oder erschweren:

1. Erfahrung von Fremdheit als Entfremdung von der Selbstverständlichkeit der eigenen Milieuprägung

Milieusensibilisierung führt notwendigerweise zum Gefühl von Fremdheit. Dieses ist aber – immer – wechselseitig. Der Pfarrer empfindet eine Lebenswelt als fremdartig, er fühlt sich womöglich unwohl, provoziert. Exakt diese Empfindungen herrschen aber auch auf der anderen Seite vor, und sie haben womöglich exkludierende, mindestens distanzierende Wirkung.

[36] Es gibt freilich auch Milieus, in denen wir damit nicht mehr rechnen dürfen.

Wichtig ist zunächst die Wahrnehmung von Fremdheit, weil nur sie ermöglicht, die entsprechende Empfindung – auch selbstkritisch und selbstreflexiv – zu bearbeiten. Wichtig ist weiter die Einsicht: Wenn Fremdheit wechselseitig ist, dann ist sie auch beidseitig begründet und veranlasst. Dann ist nicht einfach meine Prägung und Einstellung die »normale«; selbst dann, wenn ich hauptamtlicher Akteur in dieser Kirche bin, unterliege auch ich bestimmten Milieuprägungen, die mich als solche anderen zu einer fremden Größe werden lassen. Auch der Pfarrer hat einen ästhetischen Standpunkt, der sich nicht einfach von selbst versteht. Das, was sich für mich von selbst versteht, versteht sich nicht von selbst. Es ist nicht *eo ipso* das Normale. Wo ich diese Haltung nicht verlasse, versuche ich in ungeistlicher Weise zu dominieren.

2. Den Urteilsstandpunkt verlassen

Im Kontakt mit Menschen aus anderen Lebenswelten spielen aber nicht nur deren Einstellungen, Verhaltens- und Lebensweisen eine Rolle, sondern auch unsere eigenen Milieuprägungen. Auch evangelische Geistliche müssen damit rechnen, dass sie das Evangelium nicht in »Reinkultur« verkörpern, sondern selber Prägungen mitbringen. Diese beeinflussen nicht nur die Art und Weise, wie sie das Evangelium kommunizieren, sondern schon den Blick, mit dem sie ihre Mitmenschen wahrnehmen. Auch Pfarrerinnen und Pfarrer stehen vor »Ekelschranken«,[37] und je mehr sie sich diese vergegenwärtigen und sie bewusst werden lassen, umso eher haben sie die Chance, mit ihnen konstruktiv umzugehen. Es sind sehr oft nicht fundierte theologische Positionen, sondern Bauchgefühle, die uns in unserem Empfinden und Verhalten leiten. Ich nenne einige aus dem Leben gegriffene Beispiele:

- Wie kann man nur so viel Geld für sich ausgeben, für so ein Haus, eine solche Einrichtung, mehrere Autos? Das ist doch unanständig, unverantwortlich und – unchristlich.
- Wie kann man nur so exhibitionistisch sein und zeigen, was man hat: materiell und körperlich! Wie kann man sich nur so zur Schau stellen! Zählen nicht für einen Christen die inneren Werte?
- Ist diese Körperbetonung nicht ekelhaft: ein Ausschnitt bis zum Bauchnabel, ist das nicht ordinär? Piercings, naja, aber das Muscle-Shirt – da fühle ich mich unangenehm berührt; das kommt mir zu nah. Riecht das nicht? Ist es nicht kultiviert, nicht so viel zu zeigen?
- Ich könnte hier nicht leben. Ist hier ein menschenwürdiges Leben überhaupt möglich? Diese Unordnung, diese am Übergewicht ablesbare undisziplinierte Lebenshaltung? Wie kann ich diesen Menschen bloß helfen, damit sie richtig leben können?

[37] Dieser aus der Ethnologie entlehnte Begriff spielt in der Lebensweltforschung eine zentrale Rolle. Er beschreibt drastisch die Distinktionsgrenzen zwischen den Lebenswelten, die eben nicht nur kognitiver, sondern auch mentaler, emotionaler und intuitiver Natur sind.

- Wie schlimm muss das sein, wenn man nicht liest, ja offenbar kaum lesen kann? Ist das nicht primitiv? Muss man da nicht helfen?
- Unmöglich diese Markenklamotten, diese Turnschuhe, dieser Fernseher mit dem Riesenbildschirm! Für nichts ist Geld da, aber dafür schon. Ist dieser Umgang mit Geld nicht unverantwortlich?
- Darf man sich wirklich so pragmatisch orientieren und Institutionen und Menschen so stark unter der Fragestellung sehen, was sie einem bringen? Geht es nicht auch um Bindung und Altruismus?

Menschen spüren es vielfach, wenn wir ihnen mit solchen oder anderen Bewertungen begegnen. Aus den »Ekelschranken« zwischen unserem und dem fremden Milieu resultieren Urteile, konkret: Verurteilungen. Wohl dem, der sie realisiert und sie dann bearbeiten, wenigstens ein Stück weit auffangen kann. Ganz schlecht ist es, wenn diese Urteile, auch der dahinter liegende Urteilsstandpunkt, nicht realisiert werden und sich dann womöglich unkontrolliert – auch indirekt – Ausdruck verschaffen können. Es gibt viele Weisen, die Nase zu rümpfen. Nicht nur die katholische Kirche, auch die protestantische hat sich in der Aufnahme der Reflexionen des deutschen Idealismus vor allem im 19. und in der ersten Hälfte des 20. Jahrhunderts als sittliche Anstalt und moralische Institution verstanden. Das wirkt bis heute nach, mitunter auch distanzierend.

Wichtig für das heutige Selbstverständnis von Kirche ist, dass ihre frühere, über Jahrhunderte selbstverständliche ethische und moralische Leitfunktion zerbrochen ist und von vielen Milieus, teilweise programmatisch, nicht mehr anerkannt wird. Notwendig ist demgegenüber eine Haltung,

- die zu verstehen sucht. Wir wollen und werden dann die Lebensweisen, denen wir begegnen, aus der Logik der jeweiligen Lebenswelt heraus zu rekonstruieren suchen; es reicht dann aber nicht mehr, aus einer gesicherten und gesellschaftskritischen »Oberstudienratsperspektive« heraus den Kauf von Markenartikeln und Statussymbolen zu verurteilen: »Einen solchen Großbildfernseher können die sich doch eigentlich gar nicht leisten. Das Geld hätte man doch besser für Nachhilfestunden ausgegeben.« Die uns widersinnig erscheinende Lebenswelt wird dann etwa da plausibel werden, wo wir sie unter der Perspektive der verweigerten Anerkennung, der Suche nach Akzeptanz und (bürgerlicher) Identität ansehen;
- die umgekehrt einsieht, wie sehr auch eigene Urteile sich einer bestimmten, alles andere als selbstverständlichen Milieuprägung verdanken. Wie unangenehm sind aber Menschen, die ihre Identität daraus beziehen, alles besser zu wissen als der ungebildete Rest der Welt, dem vorgeschrieben werden muss, wie er sich korrekt zu verhalten hat!

3. Konsequenzen für einen anders zusammengesetzten und anders organisierten Pfarrerstand

Die Ausbildung von Pfarrerinnen und Pfarrern muss in einem umfangreichen Maß Berührung mit Milieus in Theorie und Praxis ermöglichen, fördern und fordern, damit Kirche nicht nur Kirche für die Kirchennahen ist. Kirche und Kirchenleitung müssen sich um eine Rekrutierung von Menschen für den Pfarrerberuf bemühen, die nicht bloß aus ihren Stammmilieus B23 (BÜM), v.a. aber aus B1 (LIB) bzw. B12 (SÖK) stammen.[38]

Vielleicht ist es aber auch schon eine Hilfe, wenn es auf regionaler, etwa Distriktsebene zu Delegationen kommt und Teams gebildet werden, in denen man sich gegenseitig aufgabenorientiert entlastet. Da gibt es dann

- den jungen Kollegen, der endlich seine Begeisterung für eine bestimmte Szene-Kultur zeigen und im Kontakt pflegen darf,
- den älteren Kollegen, der – ohne das an die große Glocke zu hängen – ein Faible für Volksmusik hat und mit Menschen aus der Vereinskultur sofort den richtigen Ton findet,
- die Kollegin Mitte 40, mit Strickjacke und Wickelrock, die sich im alternativen Milieu zurechtfindet,
- die junge Kollegin, mit rot gefärbten kurzen Haaren und gepierct, die im experimentellen oder auch hedonistischen Milieu auf ihresgleichen trifft und so wahrgenommen wird,
- die äußerst gepflegte Erscheinung der Frau Dekanin, die sich die Ehre gibt und sich im etablierten oder konservativen Hochmilieu ohne Komplexe zu bewegen weiß.

4. Bearbeitung von Abwehrhaltungen

Der vielfach aus einem eher postmateriellen Nach-68er-Milieu stammende Geistliche wird sowohl irritiert wirken, wenn er auf Menschen stößt, die seine gehobene Ausdrucks- und Verständigungsweise nicht verstehen oder goutieren, vielmehr körpersprachlich kommunizieren, gar nicht daran denken, den Fernseher beim Taufgespräch leise zu stellen; die sehr offen zeigen können, dass und wenn ihnen etwas nicht passt. Er wird aber auch irritiert sein, wenn er auf Menschen trifft, die ihm an Bildung, Kompetenz, Selbstbewusstsein und Dominanzverhalten mindestens ebenbürtig, wenn nicht gar überlegen zu sein scheinen und ihn ihre aus ihrer Sicht gegebene Superiorität auch spüren lassen.

Die Abwehr heterodoxer Einstellungen und Inhalte ist wichtig, darf aber nicht im Mittelpunkt stehen. Die uns begegnende »Tauftheologie« ist nicht mit der Elle orthodoxer Überzeugungen zu messen. Die begegnenden Erwartungen sind nicht an Kriterien bürgerlicher Formatierung von Kirche zu beurteilen. Menschen sind mit Gott, Gott ist mit Menschen – auch bei dieser Taufhandlung – unterwegs. Und unsere Aufgabe ist es, ihnen soweit wie möglich entgegenzu-

[38] Vgl. den Hinweis von Julia Holz, dass ca. 90% der gegenwärtigen Pfarrer aus dem Milieu B12 stammen (»Milieuverengung und Mission. Warum die Kirche viele Menschen nicht erreicht«, in: Amt für missionarische Dienste in der Evangelischen Kirche von Westfalen [Hg.], *Unerreichte erreichen. Bausteine für eine Gemeinde von morgen*, Dortmund 2008, 8–14). Dieses Urteil ist aber bereits auch wieder fünf Jahre alt. Meiner Wahrnehmung nach spreizen sich die Milieus, aus denen sich die nachrückende Pfarrergeneration rekrutiert, mindestens etwas.

kommen. Nicht die Sorge um theologische Korrektheit, sondern die Frage, wie wir Anliegen, die dem anders denkenden und empfindenden Menschen wichtig geworden sind, aufnehmen können, stehen im Zentrum unserer Begegnung mit ihm. Das schließt das theologische Gespräch ein, sofern es möglich sein wird. Es kann Ausdruck eines – provokativ formuliert – theologischen und kirchenrechtlichen Egoismus sein, wenn wir uns gegenüber ungewöhnlichen Wünschen und Erwartungen auf die Lehre der Kirche und ihre rechtlichen Regelungen zurückziehen. Dann haben wir es »richtig« gemacht. Aber sind wir noch bei den Menschen?

Der Verdacht liegt nahe, dass soziale, psychische und ästhetische Differenzen vom Hauptamtlichen als theologische prädiziert und auf diese Weise bewältigt werden sollen. Das sieht dann exemplarisch so aus:

- Der Wohlhabende kann dann Abwehrreaktionen auslösen, die die eigenen Unterlegenheitsgefühle kompensieren sollen. Darf man so viel Geld für sich ausgeben? Ist solcher Reichtum nicht schon Sünde?
- Die experimentell und kreativ Eingestellte provoziert den professionellen Liturg mit dem Vorwurf bloß traditioneller, langweiliger und uninteressanter Routine und löst als Reflex den Rückzug auf die Grundsätze, Regeln und Ordnungen der Kirche aus: »Das können wir nicht machen, weil es den Ordnungen und Überzeugungen unserer Kirche nicht entspricht!«
- Durch die Forderung nach alternativen Inhalten und neuen Wegen in Form und Gestalt des Gottesdienstes, speziell des gottesdienstlichen Taufhandelns fühlen sich die für die Gemeinde und den Gottesdienst theologisch Verantwortlichen potentiell in ihrer evangelischen und theologischen Identität bedroht. Fragen der äußeren Gestaltung werden dann schnell vom Tisch gewischt mit dem Argument »Das geht nicht, weil es nicht evangelisch ist; weil es biblisch-theologisch nicht verantwortbar ist.«
- Oder die hoch individualisierten Wünsche für die Gestaltung des Taufgottesdienstes lösen ganz schlicht Abwehrreaktionen beim überforderten Profi aus, der mit der Fülle seiner Aufgaben am besten dann klarkommt, wenn er Vollzüge möglichst standardisieren kann. Auch in einer solchen Situation liegt es nahe, sich auf kirchliche, theologische oder rechtliche Begründungsmuster zurückzuziehen.

Solche und andere theologische Legitimationsversuche eines im Grunde ästhetischen Abwehrverhaltens lassen im Ergebnis Kirche als eine unflexible, traditionsfixierte, geistig unbewegliche Institution erscheinen. Um nicht falsch verstanden zu werden: Durch den Hinweis auf die Milieugebundenheit und Milieuspezifität von Reaktionen sind die diversen, eben formulierten Anliegen nicht schon in der Sache erledigt. Es wird aber deutlich,

- dass sie sich selber einem Standpunkt, einer Haltung, einer Mentalität verdanken und sich eben nicht von selbst verstehen,
- dass um die Allgemeingültigkeit und exklusive Geltung einer – etwa postmateriellen – Haltung wohl doch noch erst einmal anders gerungen werden müss-

te, zumal dann, wenn klar ist, dass eine Haltung dann andere ausschließt, wenn sie sich absolut setzt,

- dass wir also in unserer Kirche verschiedene Interessen und Gesichtspunkte evtl. ganz neu austarieren müssen: traditionelle Orientierung vs. Öffnung für eine pragmatische Haltung, theologisch-korrekte Orientierung vs. missionarischen Willen zur Anknüpfung etc.

5. Die missionstheologische Aufgabe der Kontextualisierung des Evangeliums in unterschiedlichen Milieus

Das alles bedeutet nicht, dass Kirche, Glaube oder gar das Evangelium beliebig wären; dass es gleichgültig wäre, was wir weitergeben; dass wir als Hauptamtliche reduziert würden zu Erfüllungsgehilfen der oft genug abstrus wirkenden Wünsche de facto kirchenferner Kirchenmitglieder. Das bedeutet nicht, dass wir deren oft tatsächlich heterodoxe Auffassungen und Erwartungen zu sanktifizieren hätten. Es bedeutet auch nicht, dass wir uns darüber täuschen müssten, wie wenig uns in diesen Kontakten an Verbundenheit mit dem Evangelium begegnet.

Es bedeutet aber sehr wohl, dass wir uns nicht hinter die Mauern einer theologischen und liturgischen Korrektheit zurückziehen, auch wenn wir das könn(t)en. Es bedeutet, dass wir realisieren, in welchem Umfang wir hier vor einer im letzten missionstheologischen Herausforderung stehen und uns entsprechend auf Versuche der Kontextualisierung des Evangeliums einlassen. Mission beginnt heute nicht in Brasilien[39], sondern mitten in Deutschland, auch nicht nur im atheistisch geprägten Osten, sondern mitten in meiner Parochie. Diese Kontextualisierung ist – wie wir gesehen haben – der Kirche für bestimmte Bereiche herausragend gut gelungen, so gut, dass sie die entsprechenden eher konservativ-traditional oder familial orientierten Lebenswelten mit christlicher Kultur oder Lebensweise zu identifizieren neigt. Muss man gebildet sein, in bürgerlichen Anstellungsverhältnissen leben, um Kirchenchrist zu sein? Warum haben es Ungebildete und Hochgebildete, Prekäre und Etablierte, Experimentalisten und kritische Intellektuelle so schwer, in der Kirche zu landen, Kirche als ihre Kirche zu begreifen? Notwendig sind weitergehende, noch andere Versuche der Kontextualisierung in andere Milieus hinein; aber die können sehr mühsam sein. Sie können bedeuten, dass wir uns »dehnen und strecken«, um Anknüpfungspunkte zu finden, an Berührungspunkte zu gelangen oder auch gemeinsam Wege mit Menschen zu gehen, die erst am Ende zum Ergebnis einer Annäherung an Glaube und Gemeinde führen, die wir für wünschenswert und richtig halten. Es kann bedeuten, dass wir in solchen Vollzügen den Eindruck gewinnen, unsere theologische oder kirchliche Identität aufzuweichen, wenn wir beginnen, das, was Taufe, Kirche, Glaube, Christus ist, unabhängig von den einge-

[39] Vgl. Johannes Zimmermann, »›Wir sind hier doch nicht in Brasilien‹. Praktisch-theologische Überlegungen zum Thema Mission«, *Theologische Beiträge* 40 (2009), 79–95.

fahrenen und bewährten Gleisen auch einmal anders zu denken und zu deklinieren. Wir dürfen uns hierbei immer daran erinnern, dass auch unser Verständnis von Taufe, Kirche, Glaube, Christus ein kulturell geprägtes ist, das sich eben nicht von selbst versteht.

Einen Weg mit dem Gegenüber können wir dabei nur gehen, wenn wir den Menschen, die uns begegnen, Gegenüber bleiben; wenn wir also nicht distanzlos werden und auf das verzichten, was unseres Erachtens Kirche, Glaube, Evangelium bedeutet. Es gilt vielmehr, diese theologische und speziell ekklesiologische Identität in den Prozess der Begegnung mit hineinzunehmen und sich dabei aber ggf. auch selber auf eine Umformulierung, eine noch einmal andere Perspektive, eine evtl. neue Erschließung von Gott und Glaube einzulassen.

Wenn wir uns auf diese Perspektive einlassen, dann kann das kirchliche Taufhandeln, gerade auch in einer gestreckten Form, dann können auch andere kirchliche Handlungen als ein Stück Lebensbegleitung eine milieuübergreifende, missionarische Bedeutung bekommen.

6. Zusammenfassung: Das kirchliche Taufhandeln als Instrument milieuüberwindenden missionarischen Handelns

Pfarrerinnen und Pfarrer der evangelischen Kirche, die milieusensibel agieren, fragen nach Chancen, das Evangelium auch in anderen als den prämodernen und bürgerlichen Milieus zu kommunizieren.

Der Ansatz milieuübergreifenden kirchlichen Handelns bedeutet, sich auf das jeweilige Milieu, seine Menschen und ihre Vorstellungen einzulassen und seine Mitglieder soweit wie möglich in der Kirche (nicht unbedingt in der Ortsgemeinde![40]), zu beheimaten, nach Andockpunkten zu suchen und Kontaktflächen zu schaffen.

Gerade dann, wenn zu der Mehrzahl der Kirchenmitglieder keine substantiellen kirchlichen Kontaktflächen bestehen; gerade dann, wenn diese am kirchlichen Leben vor Ort kaum partizipieren, bieten Kasualien wie Taufe, Trauung und Bestattungen ausgezeichnete Möglichkeiten, diese Milieugrenzen wenigstens punktuell zu überschreiten und so Chancen für weitergehende Begegnungen zu schaffen.

40 Wer das Anliegen einer milieusensiblen und milieuübergreifenden Kirche weiterdenkt, stößt hier konsequent auf die noch weiter gehende Frage nach kirchlichen Formaten, die den einzelnen Lebenswelten buchstäblich entgegen kommen (vgl. zur Sache: Heinzpeter Hempelmann, Michael Herbst und Markus Weimer [Hg.], *Gemeinde 2.0. Frische Formen für die Kirche von heute* [BEG-Praxis], Neukirchen-Vluyn 2011).

Teil B: Impulse für eine milieusensible Taufpraxis

»Wir wollen dem Volk aufs Maul schauen, aber wir hören nicht, was es sagt. Das ist geistlich besorgniserregend. Denn wir kennen den Kummer vieler Menschen nicht und auch nicht ihre Freude. Wir ahnen die Zweifel nicht, die sie in sich tragen, aber auch ihre Glaubensfestigkeit ist uns fremd. Wir würdigen das Engagement der Eliten nicht und sind sprachlos gegenüber den Ausgeschlossenen an den Rändern der Gesellschaft. Milieugrenzen zu überschreiten, ist der Kirche der Freiheit aufgegeben.«

Wolfgang Huber[41]

»Entwickelt verschiedene Formen der Taufe mit unterschiedlichen Schwerpunkten, die der lebensgeschichtlichen Situation der Täuflinge und ihrer Familien gerecht werden!«

Peter Cornehl[42]

a) Einführung in den Praxisteil

1. Einleitendes

Wie kann die »Kirche der Freiheit« Milieugrenzen überschreiten und dabei glaubwürdig bleiben – ja, überhaupt erst glaubwürdig werden? Wie gelingt es, dem Volk aufs Maul zu schauen und sich dabei selbst nicht den Mund zu verbieten? Wie können wir Taufformen entwickeln, die die lebensgeschichtlichen und lebensweltlichen Situationen der Tauffamilien ernst nehmen? Wie mündet Milieutheorie in »Milieupraxis«? Das ist das Thema des nun folgenden Praxisteils.

Vier Bemerkungen vorab:

- Zuerst: Die Absicht der Ausführungen zu den einzelnen Milieus ist es, Impulse, Ideen und Inspiration für eine milieusensible Taufpraxis zu vermitteln. Bei der Lektüre wird sich schnell zeigen, dass wir mit »idealtypischen« Bedingungen rechnen, die erst noch mit dem real existierenden Gemeindealltag vermittelt werden müssen. Schon die Tauffamilie selbst wird nicht bloß einem Milieu zuzuordnen sein, und erst recht sind bei mehreren Taufen innerhalb eines Gottesdienstes eine ganze Reihe von Milieus vertreten – ganz zu schweigen von den übrigen Gottesdienstbesuchern. Noch wichtiger ist allerdings: Es gibt natürlich nicht *die* »Adaptiv-Pragmatische« oder *den* »Hedonisten«. Solche Bezeichnungen sind Chiffren, die zum Ausdruck bringen, dass die Grundorientierung, Mentalität und Lebensweltlogik eines Menschen

41 Wolfgang Huber, »›Du stellst unserer Füße auf weiten Raum‹ – Positionen und Perspektiven einer Kirche im Aufbruch. Rede zur Eröffnung der Zukunftswerkstatt der EKD am 24. September 2009 in Kassel«, *Theologische Beiträge* 41 (2010), 68–78, 71.

42 Peter Cornehl u.a., »Auf dem Weg zur Erneuerung der Taufpraxis. Thesen vom 23. Deutschen Evangelischen Kirchentag«, *Zeitschrift für Gottesdienst und Predigt* 8 (1990), 20–22, 21.

sich am ehesten in der adaptiv-pragmatischen bzw. hedonistischen Milieubeschreibung wiederfinden. Die Individualität der einzelnen Menschen transzendiert die um klare Begrifflichkeiten bemühten Charakteristiken und offenbart damit auch deren Erkenntnisgrenze.[43] Der Veranschaulichung wegen finden sich manche Übertreibungen, und manches ist mit einem Augenzwinkern gesagt.[44]

- Ein Zweites: Es geht um Milieusensibilisierung, nicht um Milieuversklavung. Dieses Buch bietet keine Rezepte oder Patentlösungen, sondern versteht sich als eine Einladung, sich über die eigene pastoraltheologische Haltung klar zu werden, die eigene Praxis zu reflektieren, eingeschlichene Verhaltensweisen und eingeschliffene Gestaltungsformen zu überprüfen, und Handlungsoptionen aufzuzeigen, wie Milieus erreicht und Milieugrenzen überschritten werden können. Angesichts der Popularität der Lebensweltforschung auch im Raum der Kirche geht mittlerweile bereits die Angst vor einer »Sinusitis« um – d.h. vor »der unreflektierten Fixierung auf ein neues Welterklärungsmodell.«[45] Man kann daher nicht oft genug unterstreichen: Die Milieuperspektive ist eine »zauberhafte Sehhilfe«,[46] die uns manches Unsichtbare entdecken lässt, aber wir sollten sie nicht ständig auf der Nase tragen. Das Neue, das sich durch die »Milieubrille« zeigt, stiftet zum theologisch verantwortlichen und am Leben der Menschen ausgerichteten Handeln an.
- Drittens: Eine milieusensible Taufpraxis setzt eine milieusensible Gemeinde voraus, und die fällt nicht einfach vom Himmel. Grad und Maß der Milieusensibilität hängen von der Bereitschaft einer Gemeinde ab, solche Schritte mitzugehen und mitzuverantworten. Wir können nicht wie Karlstadt in Wittenberg überhastet unsere »Messe« auf den Kopf stellen. Vielmehr sind liturgische Neuerungen – wie Luthers neue Messordnung – unter pädagogischen sowie »unter theologischen, seelsorgerlichen und liturgiepraktischen Gesichtspunkten« zu reflektieren.[47] Luther hat sich bei seinen eigenen Reformen wohlgemerkt als zurückhaltend wahrgenommen: »bin immer langsam und scheu gewesen« (WA 12,205).
- Schließlich: Eine milieusensible Taufpraxis darf nicht zu einer Überforderung führen. Eine realistische Einschätzung der eigenen Möglichkeiten und

[43] Es handelt sich immer um »verkürzte Rede«, denn: »Milieus sind eine Konstruktion … Milieus sind Idealtypen, keine Menschen, die sich ›im richtigen Leben‹ finden lassen« (Eberhard Hauschildt, Eike Kohler und Claudia Schulz, »Wider den Unsinn im Umgang mit der Milieuperspektive«, *Wege zum Menschen* 64 [2012], 65–82, 79).

[44] Hauschildt, Kohler und Schulz warnen zu Recht vor einer »Trivialisierung der Milieuperspektive« (»Wider den Unsinn«, 77–79). Es gilt, die Komplexität (sozial-)wissenschaftlicher Theoriebildung anzuerkennen und zugleich Wege zu finden, deren Erträge für die Praxis fruchtbar zu machen.

[45] Bernhard Spielberg, »›Noch drin, weil nicht ausgetreten‹. Das ›Milieuhandbuch 2013‹ zeigt der Kirche, was in ihr steckt«, *Herder Korrespondenz* 3 (2013), 119–123, 119.

[46] Claudia Schulz, Eberhard Hauschildt und Eike Kohler, *Milieus praktisch. Analyse- und Planungshilfen für Kirche und Gemeinde*, Göttingen 2008, 13.

[47] So Karl-Heinrich Bieritz über Luthers *Formula missae et communionis* (*Liturgik*, Berlin 2004, 454).

Ressourcen gehört wie in jedem anderen pastoralen Praxisfeld dazu. Welche Milieus kann ich bzw. meine Gemeinde erreichen? Worin liegen meine eigenen »Milieubarrieren«, worin meine »Milieuaffinitäten«? Welche Milieus spricht meine Nachbarpfarrerin bzw. meine Nachbargemeinde an? Wie kann ich mich selbst entlasten (reflektiertes »Generalistentum« vs. perfekte Milieuorientierung)? Wie gelingt überpariochiale lebensweltorientierte Gemeindearbeit (in einer Stadt, einer Region)? Welche weiteren entlastenden und arbeitsteiligen Strukturen sind denkbar? Wie finden und fördern wir Ehrenamtliche mit spezifischer »Milieukompetenz« (allgemeines Priestertum!)?

Nach diesen Vorbemerkungen sei eine knappe Einführung in die Systematik und Anlage des praktischen Teils gegeben. Die aufgeführten Gestaltungsvorschläge und Textbausteine wurden teils eigens erarbeitet, teils entstammen sie der umfangreichen Taufliteratur.[48] Weil die jeweiligen Vorschläge sich natürlich nicht nur für *ein* Milieu eignen, verweisen wir gelegentlich per Milieukürzel auf weitere Einsatzmöglichkeiten der Anregungen; immer lohnt es sich, auch einen Blick in die Nachbarmilieus zu werfen!

2. Das Milieu

- In den ***Porträts*** kommen (fiktive) Zugehörige der jeweiligen Milieus im Ich-Stil zu Wort. Sie geben uns eine Vorstellung über ihre typischen Lebenssituationen und -stile, ihre Werte und Abneigungen, ihr Selbst- und Weltbild. Zudem machen sie sich Gedanken über den christlichen Glauben und die Kirche und stellen Überlegungen an, ob und warum sie ihr Kind bzw. sich taufen lassen wollen. Damit die Typik der einzelnen Milieus möglichst deutlich vor Augen tritt, werden einzelne Beschreibungen an manchen Stellen bewusst überzeichnet.
- Die ***Kurzcharakteristik*** fasst die Grunddaten zu sozialer Lage und Bildung, zu Lebensstil und Werteprofil sowie zu Mentalität und soziodemographischen Merkmalen des Milieus stichpunktartig zusammen.
- Die Rubrik ***Lieder*** gibt einen Einblick in die musikalischen Vorlieben des jeweiligen Milieus und lässt dessen Lebensgefühl erahnen (die Musik ist leicht im Internet, etwa auf www.youtube.de zu finden). V.a. in den auf Neuorientierung ausgerichteten Milieus (C-Segment) können die genannten Lieder nur als eine (vielfach bereits überholte) Momentaufnahme dienen. Die Halbwertszeit eines Hits ist äußerst kurz.
  Musik und Medien sind grundsätzlich auch als Anregungen für die Ansprache oder die Gestaltung der Liturgie zu verstehen, ebenso etwa Werbeslogans für Produkte der jeweiligen Markenpräferenzen. Einschränkend muss man feststellen, dass sich gerade in der Musik die Durchlässigkeit von Milieu-

[48] Im Text stehen lediglich Kurztitel. Die vollständigen bibliographischen Angaben finden sich am Ende. Vgl. auch den Buchbericht von Corinna Schubert, »Taufe neu entdecken«, *Theologische Beiträge* 12 (2012), 252–254.

grenzen erweist – etwa dann, wenn sich ein Mensch aus prekären Verhältnissen für »hochkulturelle« Opernmusik begeistern lässt.

- Im Abschnitt ***Taufe und …*** kommt zur Sprache, was die Menschen von der Taufe, von Kirche und von den Amtsträgerinnen und Amtsträgern halten und erwarten, mit welchen Vorstellungen sie dem kirchlichen Vollzug der Kasualie (auch schon vor dem Erstkontakt mit dem Pfarramt) begegnen und welche Wünsche, Erwartungen und Befürchtungen sie ggf. mitbringen. Zur Herausforderung an die Pfarrerinnen und Pfarrer gehört es in diesem Zusammenhang, im für sie »Fremden« nicht unbedingt nur Abstoßendes oder Anstößiges zu entdecken, sondern auch »Eigenes [zu] identifizieren, um womöglich mit Jakob staunend zu erkennen: Gewiss ist der Herr an diesem Ort, und ich wusste es nicht (Gen 28,16).«[49] Fremdes hat überdies auch immer den Aspekt des Faszinierenden, vor dem man nicht nur zurückscheut, sondern das auch anzieht und lockt.
  Der »Schlüsselsatz« spitzt das jeweilige Taufverständnis prägnant zu.
- Die ***Dos und Don'ts*** gehen zunächst auf die in den Sinus-Studien erhobenen Werteprofile der Milieus zurück, die dann durch Gespräche auf zahlreichen Pfarrkonventen, durch Milieuschulungen in Gemeinden und Bezirken sowie durch Erfahrungsberichte von Pfarrerinnen und Pfarrern mit der kirchlichen Wirklichkeit abgeglichen wurden. Verschiedenste Aspekte finden dabei Berücksichtigung – von der Haltung und dem Auftreten des Pfarrers über die Gestaltung der Liturgie, den Charakter der Feier und mögliche Beteiligungsformen bis hin zum theologischen, literarischen oder intellektuellen Niveau der Ansprache.
- Mit den Überschriften ***Theologische Anknüpfung*** und ***»Evangelische Provokationen«*** kommen die integrative und die kontrakulturell-desintegrative Dimensionen der Taufe zur Sprache. Gerade die Taufe zeigt, dass schon der Beginn des Christentums gekennzeichnet ist durch ein Nebeneinander von Kulturbruch und Kultursynthese: Das Christusereignis bedeutete für die ersten Christen einen radikalen Bruch mit der vorfindlichen Wirklichkeit, und doch knüpften sie – gerade in der Taufhandlung selbst – an überlieferte kulturelle und religiöse Erscheinungsformen an. »Anknüpfung« und »Widerspruch« wollen auch unter (post-)modernen Rahmenbedingungen produktiv aufeinander bezogen werden. Das Evangelium vergewissert und bestätigt, aber es stellt auch in Frage. Wie finden wir eine Balance zwischen einem sensiblen Anschluss an die Mentalität der verschiedenen Milieus und der heilsamen Durchbrechung der Milieulogik? Wie gelingt es uns, Milieugrenzen zu überschreiten, ohne uns an ein soziologisches Paradigma zu verkaufen und unser Handeln unkritisch von den (vermeintlichen) Erwartungen der Milieus abhängig zu machen?

[49] Michael Nüchtern, »Konfliktfeld Kasualien«, *Praktische Theologie* 71 (1982), 508–519, 519.

3. Die Taufe

Gewöhnlich wird in der Literatur eine Dreiteilung der Taufkasualie vorgenommen: Taufgespräch, Taufgottesdienst (Liturgie) und Taufpredigt. Eine milieusensible Taufpraxis geht über diesen engen Rahmen hinaus und versteht die Taufe als einen »mehrgliedrigen und mehrdimensionalen Prozess«.[50]

- Schon die ***Taufvorbereitung*** besteht nicht nur aus dem einmaligen Taufgespräch (oder Taufkurs bzw. -seminar).[51]
  - Zur milieusensiblen Taufvorbereitung im weitesten Sinne gehört bereits, dass man sich als Pfarrerin einen Einblick verschafft in **Taufverständnisse** und Erwartungshaltungen von Eltern; neuere empirische Untersuchungen zur Taufe, aber auch Taufforen im Internet dokumentieren hier eine überraschende Vielfalt.[52] Die Milieutheorie kann helfen, die Bandbreite der Elternperspektiven zu ordnen und das pfarramtliche Handeln zu orientieren.
  - Im weiteren, auf die Gemeinde bezogenen Sinn gehört dazu, dass sich die Verantwortlichen fragen, welchen **Stellenwert** die Taufe in einer Gemeinde einnimmt, welchen »Ruf« sie in der sog. »Gottesdienstgemeinde« hat (etwa: »Ich empfinde eine Taufe im Gottesdienst als störend«) und welchen »Ruf« in der sog. Kasualgemeinde (etwa: »Die Anliegen, die wir als Eltern vorgebracht haben, wurden gehört und umgesetzt«). Zudem ist es angesichts der grundlegenden Bedeutung der Taufe für den christlichen Glauben nie verfehlt, das Thema »Taufe« ins Gespräch zu bringen – auf der Gemeinde-Homepage, im Gemeindebrief, durch Medienberichte (z.B. über die überregionalen Tauffeste) oder in Veranstaltungen der Kirchengemeinde; vielerorts hat sich ein »Begrüßungsbrief« der Kirchengemeinde anlässlich der Geburt bewährt.

    Eine immer größere Rolle spielt die **Webpräsenz** einer Kirchengemeinde, gerade für Milieus in den B-C-Segmenten. Sie gehen davon aus, dass man dort (ästhetisch ansprechend und gut gegliedert) Grundinformationen zur Taufe findet, eine Checkliste für die eigene Vorbereitung, Taufsprüche, relevante Links, das Anmeldeformular zum Download, ein Kontaktformular usw.
  - Zur »Taufvorbereitung« im engeren, auf das konkrete Taufbegehren bezogenen Sinn gehören zunächst der **Erstkontakt** mit dem Pfarramt (ob

[50] Sommer, *Kindertaufe*, 77.

[51] Schon die Schwangerschaft kann als »Weg zur Taufe« betrachtet werden; vgl. Jantine Nierop, »Die Schwangerschaft als Weg zur Taufe. Überlegungen zur Seelsorge an Schwangeren«, *Wege zum Menschen* 64 (2012), 358–369.

[52] Vgl. Regina Sommer, *Kindertaufe. Elternverständnis und theologische Deutung*, Praktische Theologie heute 102, Stuttgart 2009; Christoph Müller, *Taufe als Lebensperspektive. Empirisch-theologische Erkundungen eines Schlüsselrituals*, Praktische Theologie heute 106, Stuttgart 2010; aber auch Websites wie www.babyforum.de, www.eltern.de, www.elternforum.de, www.gofeminin.de, www.mamacommunity.de, www.urbia.de, usw.

über das Internet, Telefon oder persönlich), denn bereits hier fällt eine Entscheidung darüber, wie sich die zukünftige Zusammenarbeit gestaltet. Auch dem Pfarramt werden vorderhand wohl wie jedem »Amt« bestimmte Erwartungen entgegengebracht: Es sollte professionell und persönlich, zielgerichtet und unkompliziert mit dem Anliegen umgehen. Zugleich drückt sich schon im Taufbegehren ein großer Vertrauensvorschuss aus: Der Pfarrer erhält Einblick in die Lebensgeschichte der Familie und wird sogar ein Teil von ihr; ihm wird etwas sehr Wertvolles anvertraut.
Ein Infobrief bzw. eine **Taufbroschüre** verschafft der Tauffamilie die Möglichkeit, sich in Ruhe auf das Weitere vorzubereiten, im Vorfeld organisatorische Dinge zu klären und Gespräche zu führen, sich mit der Liturgie und mit lokalen Besonderheiten vertraut zu machen.

- Als nächstes stellt sich die Frage nach dem **Format** und dem **Ort** der »eigentlichen« Taufbereitung: Taufgespräch und/oder Taufkurs bzw. Glaubenskurs?[53] Das Amtszimmer im Pfarrhaus, das Gemeindehaus, das Wohnzimmer der Tauffamilie oder ein »dritter« Ort, der zur Lebenswelt der Tauffamilie gehört (z.B. Café)? Natürlich ist die Beantwortung der Frage von der persönlichen Situation der Taufbewerber, von den Örtlichkeiten und von den Ressourcen der Pfarrerin bzw. der Gemeinde abhängig, doch ein entscheidendes Kriterium ist der milieudifferenzierte Zugang. Es ist beispielsweise denkbar, dass auf Dekanatsebene ein Glaubenskurs angeboten wird, der diejenigen Milieus zusammenführt, die in ihrer Grundorientierung übereinstimmen. Nicht jede Gemeinde kann und muss jedes Format im Programm haben, und nicht jeder Pfarrer spricht jedes Milieu gleichermaßen an.
- Nicht zu unterschätzen ist die **Erstbegegnung** im Rahmen des Taufgesprächs bzw. des Taufkurses, denn schon die ersten Sekunden der Begegnung entscheiden über Sympathie oder Antipathie, über Offenheit oder Distanz, auch über Charakter- und Persönlichkeitszuschreibungen. Gerade das (beeinflussbare) Aussehen und die Kleidung veranschaulichen die eigene Milieuzugehörigkeit und errichten im ungünstigsten Fall Barrieren (»Ekelschranken«), die die Kommunikation massiv beeinträchtigen.
- Welche Aufgabe muss ein Taufgespräch bzw. ein Taufkurs erfüllen?[54] Drei Dimensionen lassen sich nennen: **Information, Seelsorge, Katechese**. Neben den situativen Erfordernissen ist auch die Milieuzugehörigkeit ein Faktor, der den Gang und den Schwerpunkt des Austauschs maßgeblich beeinflusst.

[53] Vgl. den Abschnitt »Kurse zum Glauben als Taufkurse?« und das Kapitel »Kurse zum Glauben für verschiedene Sinus-Milieus«, in: Arbeitsgemeinschaft Missionarische Dienste (Hg.), *Erwachsen glauben. Missionarische Bildungsangebote. Grundlagen – Kontexte – Praxis*, Gütersloh 2011, 67–69 bzw. 83–122.

[54] Vgl. Christian Albrecht, *Kasualtheorie*, 217–222. Albrecht beschränkt sich freilich auf das Kasualgespräch. Sein implizit geäußerter Verdacht, dass ein missionarisches oder katechetisches Anliegen »religiöser Gesinnungsschnüffelei« nahekommt, ist freilich übertrieben.

Information: Die Pfarrerin erhält einen Einblick in die persönliche Lebenssituation und Lebensgeschichte der Tauffamilie bzw. des Täuflings, erfragt Daten und Fakten und kommt ins Gespräch über den Anlass des Taufbegehrens sowie über die Vorstellungen im Blick auf den Taufgottesdienst. Die Tauffamilie bzw. der Täufling erhält Informationen über organisatorische und ggf. kirchenrechtliche Details, v.a. aber über die einzelnen liturgischen Elemente; Ziel ist »Beteiligung«, ob »passiv« im verständnisvollen Nachvollziehen oder »aktiv« in der Gestaltung einzelner Liturgieteile. Partizipationswünsche und -möglichkeiten sind dabei u.a. abhängig von der jeweiligen Milieuzugehörigkeit.

Seelsorge: Aus der individuellen Zuwendung im Gespräch, die auch existentielle Brüche und Grenzerfahrungen in den Blick nimmt, erwächst eine seelsorgerliche Dimension. Eine durch die Milieuperspektive geschärfte Wahrnehmung ist bemüht, die Menschen als Teil ihrer Lebenswelt zu verstehen, aber zugleich »alle Sinne offen zu halten für die … dahinter verborgene Individualität der einzelnen Person.«[55]

Katechese: Im herkömmlichen Taufgespräch, insbesondere aber in Tauf- oder Glaubenskursen gewinnt die Taufvorbereitung eine katechetische bzw. missionarische Dimension. Glaubens- und Lebensthemen werden im Austausch mit anderen neu und anders entdeckt, die Teilnehmenden werden in einer einschneidenden Lebenssituation bzw. am Beginn ihrer *vita christiana* begleitet, ihr Glaube wird sprachfähig. Format, Setting, Gesprächs- und Arbeitsformen orientieren sich an den Erwartungen und Bedürfnissen der jeweiligen Milieus.

- Vielerorts ist der ***Taufgottesdienst*** zugleich der Hauptgottesdienst am Sonntagmorgen. Manchmal weisen die Gemeinden bestimmte »Taufsonntage« innerhalb eines Monats- oder Jahresrhythmus aus. Die »Union Evangelischer Kirchen (UEK)« legt sich in ihrer »Ordnung des kirchlichen Lebens« sogar darauf fest, dass die Taufe in den Hauptgottesdienst zu integrieren ist. Eine solche Praxis wird andererseits kritisiert als »problematische Verkürzung des Ritus« und als Bestätigung seiner »Marginalität«[56]; die Besonderheit der Taufe gehe dadurch verloren. Unter dem Aspekt der Milieusensibilität erweisen sich pauschale Festlegungen, in welcher Hinsicht auch immer, als nicht sachgemäß. **Rahmen, Ort und Zeit** sowie die **Tonalität des Gottesdienstes** dürfen und sollen variieren![57] Es gibt Milieus, für die der Sonntag-

[55] Ellen Eidt, »Alter. Begegnungen zwischen Reisefieber und Abstellgleis«, in: Claudia Schulz, Eberhard Hauschildt und Eike Kohler (Hg.), *Milieus praktisch II. Konkretionen für helfendes Handeln in Kirche und Diakonie*, Göttingen 2010, 177–213, 211.

[56] Christian Grethlein, Art. Taufe III. Kirchengeschichtlich, *RGG*^{4} 8 (2005), 63–69, 68.

[57] Ein Blick in die jüngere Kirchengeschichte belegt die Zeitgebundenheit äußerer Rahmenbedingungen. Die Taufe ist »seit dem 17. Jahrhundert im Schoße des Bürgertums … aus der Kirche in die Wohnstube verlagert worden, als Haustaufe wird sie aus dem gottesdienstlichen Leben der Gemeinde herausgelöst und bürgerlich familialisiert. In den kirchlichen Raum zurückgeholt sind Taufen bis in die 1960er-Jahre dann wieder in Gestalt eines Taufgottesdienstes, häufig am Samstagnachmit-

morgen der Regeneration dient (und zwar vom Samstagabend!), und für sie ist der Gemeindegottesdienst sonntags um 9 oder 10 Uhr keine attraktive Option.

- »Die Liturgie ist für die Menschen da, nicht die Menschen für die Liturgie« (Papst Paul VI.). An diesem Gestaltungsleitsatz orientiert sich die **Liturgie** des Gottesdienstes. Dementsprechend vielfältig können die einzelnen Elemente ausgewählt und gestaltet und die Tauffamilie bzw. der Täufling beteiligt werden. Die Orientierungshilfe der EKD zur Taufe nennt vier »unverzichtbare Elemente«, die in jedem Taufgottesdienst vorkommen müssen: (1) der Taufauftrag (Mt 28,18–20) und das Glaubensbekenntnis, (2) die Taufhandlung mit Wasser durch dreimaliges Übergießen bzw. durch Untertauchen, (3) die trinitarische Taufformel und (4) das persönliche Ja des Täuflings bzw. das stellvertretende Ja der Eltern und Paten.[58] Darüber hinaus birgt die Geschichte der Taufe und des Taufritus einen überwältigenden Schatz an Zeichen, Symbolen, Gesten, Worten und Deutungen, den zu heben sich lohnt – gerade unter dem Vorzeichen milieusensibler Taufpraxis.[59] Martin Luthers Mahnung bleibt jedoch bedenkenswert: »So gedenke nun, dass im Taufen diese äußerlichen Stücke das Geringste sind, als da ist unter Augen blasen, Kreuze anstreichen, Salz in den Mund geben, Speichel und Kot in die Ohren und Nasen tun, mit Öl auf der Brust und Schultern salben und mit Chrisam die Scheitel bestreichen, Westerhemd anziehen und brennende Kerzen in die Hand geben, und was da mehr ist, das von Menschen die Taufe zu zieren hinzugetan ist ... Sondern da siehe auf, dass du in rechtem Glauben da stehest, Gottes Wort hörest und ernstlich mit betest.«[60]
- Der in der Kasualliteratur häufig anzutreffende Gedanke, dass eine Kasualie nur dann ihre entlastende Funktion erfüllt, wenn die liturgischen Elemente einer festen Form folgen und erwartbar sind, ist zu pauschal – sowohl hinsichtlich der Voraussetzung als auch hinsichtlich der Konsequenzen. Ein Taufgottesdienst kann mehr und anderes leisten als »Entlastung« in einer besonderen Lebenssituation (vgl. nur die »Schlüsselsätze«) und folglich kann die Liturgie mehr und anderes bieten als das, was die Agende vorsieht.

tag, gefeiert worden. In vielen evangelischen Landeskirchen ist seitdem die Taufe wieder in den sonntäglichen Gemeindegottesdienst zurückgekehrt« (Kristian Fechtner, *Kirche von Fall zu Fall. Kasualien wahrnehmen und gestalten*, Gütersloh ²2011, 22).

58 Kirchenamt der Evangelischen Kirche in Deutschland (Hg.), *Die Taufe. Eine Orientierungshilfe zu Verständnis und Praxis der Taufe in der evangelischen Kirche*, Gütersloh 2008, 50. Als »wesentliche weitere Gestaltungselemente« werden genannt »ein Taufvotum, das Verlesen zusätzlicher zentraler biblischer Texte und der persönliche Taufspruch«.

59 Es soll freilich kein »Symbolgewitter« über die Taufgemeinde hereinbrechen! »In der Praxis ist es wichtig, sich jeweils auf die sorgfältige und ausführliche Inszenierung von einem, höchstens zwei Symbolen zu konzentrieren (Christian Grethlein, *Grundinformation Kasualien. Kommunikation des Evangeliums an Übergängen des Lebens*, Göttingen 2007, 144).

60 Martin Luther, »Das Taufbüchlein, verdeutscht und aufs neu zugericht« (1526), BSLK 535–541, 536f.

- Ein besonders sensibles Thema ist die Musik im Taufgottesdienst, insbesondere die **Lieder**. »Das jeweilige ästhetische Empfinden ist stark milieubestimmt.«[61] Für die einen sind Kirchenlieder und Orgelmusik ein Graus, für die anderen ein Muss. Vielleicht herrscht gar ein Machtkampf, der sublim oder offen zwischen der Kasualgemeinde, dem Pfarrer und der Kirchenmusikerin ausgefochten wird. Ziel kann nicht sein, dass eine Partei den Kampf gewinnt, sondern dass Kompromisse gesucht werden: Eine Band spielt milieuspezifische »säkulare« Lieder live, die dann vom Pfarrer interpretiert werden,[62] ein Chor trägt geistliches Liedgut vor, ein Gemeindeglied rezitiert den Text eines Taufliedes, eine Band spielt oder begleitet »milieuaffine« christliche Lieder (Praise-Songs, Taizégesänge) usw. Andererseits ist es freilich nicht ausgeschlossen, dass Menschen sich von fremden musikalischen Formen faszinieren lassen, dass etwa eine Tauffamilie, die im Alltag nie Orgelmusik hört, ihr im Gottesdienst durchaus viel abgewinnen kann.
- Nachdem im Gefolge der Dialektischen Theologie die Predigt im Gottesdienst (bzw. im Kasualgottesdienst) ein Monopol innehatte, hat sie heute diesen Status zugunsten des gesamten Gottesdienstgeschehens (bzw. des Taufritus) aufgegeben. Das heißt aber nicht, dass die zentrale homiletische Frage des 20. Jahrhunderts in heutiger Zeit nun keine Rolle mehr spielt. Auch die derzeitige Predigtpraxis bewegt sich in einem Spektrum, das durch zwei »Extrempositionen« abgesteckt ist. Auf der einen Seite steht Karl Barths Satz: »Nicht *ihre* (d.h. der Hörer) Existenz, sondern das Jenseits ihrer Existenz, *Gottes* Existenz steht in Frage.«[63] Auf der anderen Seite Ernst Langes: Predigen ist »mit dem Hörer über sein Leben reden.«[64] Eine lebensweltorientierte **Taufansprache** transzendiert diese beiden Pole, indem sie sich bewusst macht: Biographie und Theologie, menschliche Lebensgeschichte und die Geschichte Gottes mit einem Menschen sind zwei Seiten einer Medaille – sie sind nie identisch, aber sie sind ebenso wenig zu trennen. Verdichtet gesagt: Es geht immer »um die wechselseitigen Bezüge, die zwischen der *Lebenswelt* der Hörer und dem *Innenraum* des Predigers, der *Textwelt* und der *Glaubenswelt* der Kirche in der *Predigtwelt* aufgenommen und wahrgenommen werden.«[65] Die Taufansprache steht dabei im Horizont eines feiernden und gefeierten Glaubens. Sie ist nicht nur Rede »von Gott« und »mit Gott«, sondern auch »zu Gott«.

61 Grethlein, *Grundinformation Kasualien*, 259.

62 Vgl. Eberhard Hauschildt, »Unterhaltungsmusik in der Kirche«, in: Gotthard Fermor, Hans-Martin Gutmann und Harald Schroeter (Hg.), *Theophonie. Grenzgänge zwischen Musik und Theologie*, Rheinbach 2000, 285–298, 296: »Ich kann mir fast keinen musikalischen Inhalt vorstellen, der nicht auch mit Gewinn interpretiert werden könnte.«

63 Karl Barth, »Das Wort Gottes als Aufgabe der Theologie« (1922), in: Karl Barth, *Vorträge und kleinere Arbeiten 1922–1925*, Zürich 1990, 148.

64 Ernst Lange, *Predigen als Beruf*, Stuttgart 1976, 58.

65 Ralph Kunz, »›Über das Leben des Hörers reden‹ oder: Lebenswelt als Deutungshorizont der Predigt«, in: Thomas Klie, Martina Kumlehn, Ralph Kunz und Thomas Schlag, *Lebenswissenschaft Praktische Theologie?!*, Berlin / New York 2011, 223–251, 228.

- Die **Textbausteine** sind ein Versuch, das hier Gesagte milieusensibel und theologisch angemessen umzusetzen. **Weitere Ideen** und Anregungen ergeben sich aus den Rubriken »Lieder«, »Evangelische Provokationen« und »Theologische Anknüpfung«, aus den Taufsymbolen, aus Taufliedern, aus geeigneten biblischen Texten und Motiven, aus Kunst und Literatur usw.
- Der Aspekt, der hier recht allgemein als ***Weiterführung*** bezeichnet wird, markiert eine weitere Eigenart dieses Buches. Denn in der Literatur zur Taufe kommt der Frage, »wie es nach der Taufe weitergeht«, häufig nur marginale Bedeutung zu, oder sie wird mit dem Hinweis abgetan, dass aus ihr nur ein bestimmtes missionstheologisches oder gemeindeaufbauorientiertes Interesse spricht. Natürlich ist das *ein* wichtiges Anliegen: Die Menschen werden sich nach der Taufe überlegen, was die Taufhandlung mit ihrem Leben und Glauben zu tun hatte, sie werden mit bestimmten Eindrücken in ihren Alltag zurückkehren, in ihrem Umfeld über »ihre« Kirchengemeinde reden und sich vielleicht Gedanken machen, ob sie sich weitere Berührungspunkte mit der Gemeinde vorstellen können. Doch diese Gesichtspunkte gehören in einen größeren Zusammenhang, weil sie einen Kerngedanken reformatorischer Theologie betreffen, das »Allgemeine Priestertum«. Dieses nämlich gründet in der Taufe, wie Luther in seiner berühmten »Adelsschrift« (1520) sagt: »Alle Christen sind wahrhaft geistlichen Standes! ... Demnach so werden wir allesamt durch die Taufe zu Priestern geweiht. ... Was aus der Taufe gekrochen ist, das mag sich rühmen, dass es schon Priester, Bischof und Papst geweiht sei.« (WA 6,407f.) Mit der Taufe ist ein Anfang gemacht! Glaube und Taufe gehören »zuhauf«. Der durch die Taufe zugeeignete »geistliche Stand« ist nicht statisch, sondern führt hinein in die Dynamik der Gegenwart Gottes. Hinter der Frage »Wie geht es weiter?« steht daher auch die Einsicht, dass das christliche Leben »eine tägliche Taufe ist, einmal angefangen und immer darin gegangen«.[66] Es gehört zu den ersten Aufgaben einer taufenden Gemeinde, Rahmenbedingungen dafür zu schaffen, dass Getaufte dem Geheimnis des Glaubens immer wieder neu auf die Spur kommen. Die von uns in diesem Handbuch fokussierte Milieuperspektive kann das nicht »machen«, aber sie kann helfen, Hindernisse zu beseitigen und Zugänge zu fördern.

[66] Martin Luther, »Der große Katechismus deutsch«, BSLK 545–733, 704.

b) Taufe in den sozial gehobenen Milieus

1. Konservativ-etabliertes Milieu

Gerade bin ich vom Universitätsgottesdienst nach Hause gekommen. Bei einer Tasse italienischen Cafés tausche ich mich mit meinem Mann noch aus. Die klassischen Musikbeiträge gepaart mit dergeistreichen Predigt des Pfarrers waren ein kulturelles Kleinod. In elaborierten Worten hat er über die unausweichlichen Folgen des Werte-zerfalls der säkularisierten Gesellschaft gesprochen. Auch wenn wir beide beruflich schon über die Maßen eingespannt sind, überlegen wir dennoch, wie wir unser gesellschaftspolitisches Engagement verstärken können. Irgendjemand muss doch Verantwortung übernehmen in unserer Gesellschaft!
Wenn unser Sohn Konrad aufgewacht ist, werden wir gemeinsam als Familie in einem neu eröffneten und mit einem Michelin-Stern ausgezeichneten Restaurant zu Mittag essen. Das hat seinen Preis, aber den sind wir angesichts der exquisiten Küche und des vorzügliches Service bereit zu zahlen. Heute Abend hatten wir vor, mit unseren Freunden in die Oper zu gehen, leider haben diese aber die Einladung noch nicht bestätigt. Falls sich der Termin verschiebt, sage ich der Babysitterin ab und schaue mir die Dokumentationen über das »maurische Andalusien« an. Eine wertvolle Vorbereitung auf unsere geplante Kulturreise »Die Reconquista des spanischen Südens« im Sommer. Die Kirchen sorgen eben noch dafür, dass Tradition und Werte in unserer vom Zeitgeist geprägten Spaßgesellschaft gepflegt werden.

Das Milieu

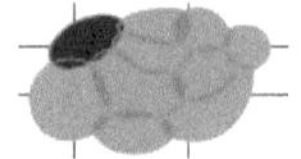

Kurzcharakteristik

Menschen, die dem konservativ-etablierten Milieu zugeordnet werden,

- erheben Exklusivitäts- und Führungsansprüche,
- gestalten ihr Leben in hoher »Eigenverantwortung«, gepaart mit einem hohen Leistungsanspruch an sich und ihr Umfeld,
- haben exklusive Serviceansprüche und lassen sich gerne »bedienen«,
- setzen auf bewährte Marken und hohe Qualität,
- genießen es, Zeit unter Ihresgleichen zu verbringen und dort den erarbeiteten Status standesgemäß zu pflegen,
- sind überdurchschnittlich gut ausgebildet und erstreben auch für ihre Kinder ein hohes Bildungsniveau,
- haben einen ausgeprägten Familiensinn,
- legen großen Wert darauf, bewährte Traditionen zu pflegen und zu bewahren,
- zeichnen sich durch ihre hochkulturellen Interessen aus (klassische Konzerte, Oper, Museen, Kulturreisen, etc.),

- engagieren sich bei gesellschaftspolitischen und kirchlichen Angelegenheiten und fordern ihre »Mitsprache« ein.

10 % der Bevölkerung, Tendenz sinkend
Altersdurchschnitt 49 Jahre

Lieder des konservativ-etablierten Milieus

- Beethovens 9. Symphonie
- Bing Crosby & Louis Armstrong
- Eagles, »Hotel California«
- Weber, »Der Freischütz«
- Marianne Rosenberg, »Marleen«
- Anna Netrebko, »O Mio Babbino Caro«

Taufe und konservativ-etabliertes Milieu

- Die Taufe ist ein »Geschäft«, demzuliebe man sogar temporär in die Kirche eintritt.
- Das Taufgeschehen möchte als höchst individualisiertes Fest zu den gesetzten Bedingungen gefeiert werden. Bei Ablehnung individueller Wünsche wird ggf. Druck ausgeübt (»Ich wende mich sonst an die Medien, den Oberkirchenrat ...«).
- Es wird eine durchgehend hohe Performance-Qualität erwartet.
- Man geht davon aus, dass sich der Taufgottesdienst eng an dem traditionellen, ortsüblichen Gottesdienstformularen orientiert.
- Die Taufe ist ein Teil der christlich-abendländischen Kultur.
- Die Tauffeier ist keine »Spaßveranstaltung«.
- Die Tauffamilie oder die Paten lassen sich in das liturgische Geschehen integrieren, sofern sie ihre Beiträge weitgehend selbst gestalten können.
- Die Kirche ist »Hort und Hüterin« der Tradition.

Die Taufe bewahrt ein Stück christlich-abendländische Kultur.

Dos and Don'ts – Das Werteprofil des konservativ-etablierten Milieus

Die Konservativ-Etablierten tun sich schwer, wenn ...

- der Pfarrer die »nötige Ernsthaftigkeit« vermissen lässt und allzu locker oder kumpelhaft daherkommt,
- von der traditionellen Liturgie maßgeblich abgewichen wird und sich sog. Modernismen und liturgische Experimente in den Gottesdienst einschleichen,
- die Tauffeier liturgisch nachlässig und unsorgsam durchgeführt wird,
- die Sprache der Pfarrerin zu leger oder improvisiert wirkt,
- das Niveau insbesondere der Ansprache hinter den eigenen Ansprüchen zurückbleibt,

- die höfliche Distanziertheit aufgegeben wird und der Pfarrer sein Anliegen allzu eindringlich vorträgt.

Die Konservativ-Etablierten freuen sich, wenn …

- der Taufgottesdienst durchweg von einem hohen Niveau geprägt ist,
- die Taufe liturgisch »korrekt« vollzogen wird und sich an den ortsüblichen Traditionen orientiert (z.B. das traditionelle Taufkleid, bestimmte Lieder oder Handlungen),
- sich die individuelle Zuspitzung im Rahmen hält und das Taufgeschehen in den größeren kirchlichen Kontext gestellt wird,
- die Pfarrerin die Taufe selbst durchführt und diese nicht an den Ausbildungsvikar delegiert.

Theologische Anknüpfung

- Die Taufe gehört zum Wesen der Volkskirche und ist von daher zunächst »Säuglingstaufe«. Taufaufschub, Tauferinnerung oder Segnungsrituale werden als »minderwertig« empfunden.
- Das Taufgeschehen wird als Symbol der Reinheit und des »Anziehens Christi« interpretiert.
- Der liturgisch korrekte Vollzug (bestimmte Riten und Formeln) vermittelt das Gefühl, etwas »Bedeutendes« oder »Wichtiges« zu tun.
- In der Taufe wird ein Individuum in die christliche Gemeinschaft inkorporiert und damit Träger der Tradition.
- Den Eltern, Paten und der Tauffamilie insgesamt kommt eine bedeutsame Funktion im Leben des Kindes zu.

»Evangelische Provokationen«

- Die Inkorporation in den Leib Christi eröffnet eine Perspektive, die über die herkömmlichen und als bewahrenswert erachteten Traditionen hinausweist.
- Das »Anziehen Christi« in der Taufe sprengt die konservativ-etablierte »Entre-nous«-Gesinnung. Die Kirche ist ein Ort, in dem sich Menschen verschiedener Milieus auf Augenhöhe begegnen.
- Die statusbewusste Haltung des Milieus wird mit der nicht-hierarchischen Dimension der Taufe (*familia dei*) kontrastiert. Die individuelle Tauferfahrung stellt den Täufling in eine Gemeinschaft hinein.
- Jesus Christus wird als charismatischer Grenzgänger beschrieben, der sich kritisch mit den Hütern der Tradition und dem damaligen Establishment auseinandergesetzt hat.
- Der Mentalität des »Sich-bedienen-Lassens«, dem Führungs- und Machtanspruch wird die Haltung des »Dienens« gegenübergestellt (vgl. Mk 10,45).

Die Taufe

Taufvorbereitung

Annäherungen

- »Wassertexte aus Bibel und Lyrik – eine meditative Abendveranstaltung«
  Martin Schulz, in: Peter Barz und Bernd Schlüter (Hg.), *Werkbuch Taufe*, 214 + DVD LIB
- kunstgeschichtliche Exkursion
  Kirchen in der Umgebung, die mit besonderen Taufsteinen ausgestattet sind, werden – evtl. unter Beteiligung der örtlichen VHS – besichtigt. Die Exkursion kann durch einen Vortragsabend vorbereitet werden. LIB
- Vortrag(sreihe) »Die Taufe in der Kirchengeschichte«, Theologisches zur Taufe
  Material bei Judith Augustin, in: Judith Augustin und Heinz Behrends (Hg.), *Taufe und Tauferinnerung*, 11–28 + DVD LIB
- »Wenn dein Kind dich fragt – Elternschule des Glaubens«
  Ein Projekt der EKKW. »In der Elternschule des Glaubens wollen wir die Geschichten von Gott, die Sie in Ihrer Kindheit gehört, und das, was Sie damit verbunden haben, aus der Erinnerung hervorholen und fragen: Was kann ich davon noch oder wieder oder ganz neu glauben? Wie ist meine Vorstellung von Gott, so dass ich dem Kind eine aufrichtige und ehrliche Antwort geben kann?«
  www.wenn-dein-kind-dich-fragt.de TRA, BÜM, LIB, SÖK
- Brief an die Gäste
  Die Tauffamilie und -gäste werden eingeladen, sich schon frühzeitig mit ihren Ideen für die Gestaltung der Taufe zu beteiligen.
  Frank Maibaum, *Das Taufbuch*, 17 BÜM, TRA

Taufgespräch

- Rahmen und Charakter
  - Das Gespräch ist möglichst gut strukturiert und hält sich an einen transparent kommunizierten Ablauf mit verlässlichen Anfangs- und Endzeiten.
  - Die Gesprächsführung gestaltet sich klar, fachlich informiert und zielorientiert und vermeidet »pastorale Untugenden« (z.B. breite Monologe, Psychologisierungen).
  - Als theologischer Fachmann und als Repräsentant der Großinstitution Kirche tritt der Pfarrer selbstbewusst und zielstrebig auf.
  - Grundkenntnisse des christlichen Glaubens können vorausgesetzt werden. Man verfügt über elementare Kenntnisse auch in Dingen, die einen nicht oder nur geringfügig interessieren.
- Themen des Gesprächs
  - die Bedeutung der Taufe in der christlichen Kirche (evtl. Bezug zur Alten Kirche)
  - der liturgiegeschichtlich gewachsene Ort der Taufe im Gottesdienst

- Taufdarstellungen in der Kunstgeschichte
- Artefakte der örtlichen Kirche (z.B. Taufstein, Taufgeschirr), die Kirche als »heiliger Ort«
- die Grundsymbole der Taufe und ihr gesellschaftspolitischer Kontext
- der ausgewählte Taufspruch (möglicher Anknüpfungspunkt an die Familientradition)
- Abstimmung des liturgischen Ablaufs mit der Möglichkeit zu hochkulturellen Beiträgen (klassische Musik, Literatur)
- spezielle Wünsche der Tauffamilie

Taufseminar

- »Warum glauben? – Vier Abende auf dem Weg zur Taufe oder Tauferneuerung«

  AMD (Hg.), *Erwachsen glauben*, 170–174

Der Taufgottesdienst

Rahmen, Ort und Zeit

In aller Regel findet die Taufe im Gemeindegottesdienst entsprechend den lokalen Gebräuchen und Vorgaben statt.

Tonalität des Gottesdienstes

- Die Taufe wird auf eine professionelle, würdige und geschmackvolle Weise gefeiert.
- Die sprachliche Gestaltung der Tauffeier weist einen intellektuell anspruchsvollen und feierlich-nüchternen Stil auf. Kein »unnötiger Firlefanz«, keine Geschwätzigkeit!
- Die klar disponierte Ansprache darf durchaus mit Überraschungsmomenten aufwarten, die zum Nachdenken anregen.
- Tradition und moderne Lebenswelt werden auf behutsame und tiefsinnige Art miteinander verknüpft.

Liturgie

Nicht nur der äußere Rahmen, sondern auch die Liturgie orientieren sich weitgehend an den herkömmlichen örtlichen Gegebenheiten.

- Beteiligungsmöglichkeiten
  - musikalische oder literarische Beiträge durch Paten oder Freunde
  - Verpflichtung der Eltern

    Formulierungsvorschlag für den Fall, dass die Eltern bereits in der Kirche getraut wurden (Anknüpfung an »Familientradition«)

    Frank Maibaum, *Das Taufbuch*, 67 BÜM, TRA

Lieder

- »Ich bin getauft auf deinen Namen« (EG 200)
- »Gehet hin in alle Welt« (EG 201)
  evtl. von einer Schola vorgetragen
- »Christ, unser Herr, zum Jordan kam« (EG 202)
- »Gott Vater, du hast deinen Namen« (EG 208)

Textbausteine für die Taufansprache

Ein Baptisterium in Florenz

Wenn Sie in Florenz auf den Domplatz schauen, dann fällt Ihnen vermutlich zunächst der Glockenturm von Giotto auf, daneben die Kathedrale S. Maria del Fiore. Im Hintergrund sehen Sie die Kuppel von Brunelleschi. Im Vordergrund steht ein großes Gebäude. Es ist das Battistero, ein Prachtbau, der nur für den einen Zweck erbaut wurde, nämlich zu taufen. Stellen Sie sich nun vor, ein Täufling steht vor diesem großen, eindrucksvollen Gebäude, das in weißem und grünem Marmor relasiert ist. Nach einer langen Vorbereitungszeit steht er nun kurz davor, in die Gemeinschaft der Christen aufgenommen zu werden.

Das Battistero kann er durch eine der drei wundervollen Bronzeportale betreten. Geht er durch das äußere Südtor, sieht er 20 Tafeln, auf denen Szenen aus dem Leben Johannes' des Täufers und Allegorien der göttlichen Tugenden dargestellt sind. Geht er durch das Nordportal, sieht er 28 Felder vor sich, die Szenen aus dem Neuen Testament und Bilder von den Evangelisten und Gelehrten der Kirche zeigen. Geht unser Taufanwärter durch das Tor, das der Kathedrale genau gegenüberliegt, blickt er auf zehn beeindruckende vergoldete Bronzetafeln. Michelangelo soll beim Anblick der Tafeln gesagt haben: »Sie sind so schön, dass sie sich gut an den Pforten des Paradieses ausnähmen.« Auf diesen Spruch soll die Bezeichnung »Porta del Paradiso« zurückgehen. Auf den zehn großformatigen Tafeln sind Szenen aus dem Alten Testament zu sehen:

1) Die Erschaffung von Adam und Eva, die Erbsünde und die Vertreibung aus dem Paradies, 2) Kain und Abel arbeiten auf dem Felde und Abels Ermordung, 3) Geschichten von Noah, 4) Die Engel erscheinen Abraham, das Opfer Isaaks, 5) Geschichten von Esau und Jakob, 6) Joseph wird an die Händler verkauft, 7) Mose erhält die Gesetztafeln auf dem Berg Sinai, 8) Das israelitische Volk durchquert den Jordan, 9) der Kampf zwischen David und Goliath und schließlich 10) Salomo empfängt im großen Tempel die Königin von Saba.

Egal durch welches Tor der Täufling schreitet, es ist ein großes, mächtiges Tor, und es ist ein Tor, das ihm einen wichtigen Teil der Geschichte Gottes mit seiner Menschheit erzählt. Die Geschichte davon, dass Gott diese Welt liebt. Die Geschichte davon, dass die Menschen von Gott getrennt sind und Versuchung, Schmerz und Tod erleiden müssen. Die Geschichte davon, dass Gott alles tut, damit seine Menschen in Gemeinschaft mit ihm volle Genüge und in alle Ewigkeit Freude in Fülle erleben. Der Täufling passiert diese Tore und mit der Taufe wird er Teil dieser Heilsgeschichte Gottes. Er erkennt an, dass auch er von Gott getrennt ist, dass auch für ihn Gottes Zuwendung lebensnotwendig ist und dass auch er ein Leben in Fülle möchte. Dies alles geschieht, wenn der Täufling in die Mitte dieses prachtvollen Gebäudes tritt und in das Wasser der Taufe eintaucht.

Liebe Tauffamilie, Sie sind heute durch unsere Kirchentür gekommen und bringen Ihr Kind zur Taufe. Unsere Kirchentür ist zwar etwas bescheidener, aber Ihr Kind wird heute mit der Taufe in die gleiche Geschichte eingefügt und auch ihm wird eine verheißungsvolle Geschichte für seine Zukunft zugesagt. Ihr Kind versteht die Größe dieser Geschichte heute noch nicht. Wir schenken Ihnen zur Taufe eine Kinderbibel, in der auch in zahlreichen Bildern die gleichen Geschichten dargestellt sind wie auf den Portalen des Battistero. Lesen Sie ihrem Kind diese Geschichten vor, damit es eines Tages selber sagen kann: Ja, ich bin Teil dieser Geschichte Gottes und ich will, dass Gott mit mir Geschichte schreibt.

Ein hoch aufgelöstes Bild von der »Paradiespforte« ist zu finden bei Wikipedia unter dem Eintrag »Baptisterium San Giovanni«.

- Weitere Ideen
  - Besinnung über das »weiße Taufkleid«
    Kompakte Informationen sind zusammengestellt von Judith Augustin in:
    Judith Augustin und Heinz Behrends (Hg.), *Taufe und Tauferinnerung*, 77–79.
  - »Tauf-Wasser. Eine Betrachtung«
    Stefan Claaß, in: Erhard Domay (Hg.), *Taufe*, 98–100
  - »Das Wichtigste im Leben wird uns geschenkt« (zu Röm 9,16)
    Rainer Heimburger, in: Erhard Domay (Hg.), *Arbeitsbuch Kasualien*, 49
  - Meditation über die Grundsymbole der Taufe in ihrem gesellschaftspolitischem Horizont

    »Der Skandal der Wasserverschmutzung (vs. Symbol Wasser), das Verdrängen des Leidens und Sterbens in einer auf schnellen Genuss fixierten Welt (vs. Symbol Kreuz), die zunehmende Anonymisierung der Lebensverhältnisse (vs. Symbol Name), verbunden mit der Isolation (vs. Symbol Handauflegung) und (Selbst-)Zerstörung vieler Menschen auf Grund von Desorientierung (vs. Symbol Licht) sind nur erste Beispiele für gesellschaftliche Probleme, denen die Taufe mit ihren Symbolen positiv entgegentritt.«

    Christian Grethlein, »Unterwegs zu einer Neuentdeckung der Taufe«, in: Erhard Domay [Hg.], *Taufe*, Gottesdienstpraxis Serie B, Gütersloh 1993, 9–17, 12
  - biblische Leitbilder und Motive zum Thema »Führen und Leiten« (z.B. Eph 4,1-16; Mk 10,41-45)
  - »Von den anvertrauten Zentnern« (Mt 25,14-30)
  - klassisches Tauflied mit Hinweisen zu dessen Entstehung, zum Dichter, zur Melodie (z.B. EG 200: »Ich bin getauft auf deinen Namen«)

Weiterführung

Wenn die Kirche etwas zu »bieten« hat, wenn sie ihren Bildungsauftrag ernst nimmt, wenn sie sich als gesellschaftsrelevante Größe erweist und Profil zeigt, dann ist eine Verstetigung des Kontakts denkbar.

- Veranstaltungen
  - Bildungsveranstaltung zum Thema »Reformatorische Tauftheologie und ökumenische Perspektiven«

    Klaus Fitschen und Judith Augustin, in: Judith Augustin und Heinz Behrends (Hg.), *Taufe und Tauferinnerung*, 11–18 + DVD LIB
  - Hinweise auf (überregionale) kirchliche Angebote (z.B. Tagungen der Evangelischen Akademien)
  - Einheiten aus dem Glaubenskurs »Zwischen Himmel und Erde«, z.B. »Wie viel Kirche braucht der Glaube?«

    AMD (Hg.), *Erwachsen glauben*, 175–179
  - Glaubenskurs mit Dietrich Bonhoeffer

    Bernd Vogel und Petra Roedenbeck-Wachsmann, *Glaubenskurs mit Dietrich Bonhoeffer*, Göttingen 2009 (mit CD-ROM)
- kirchliche Angebote, in denen die Kinder an die Inhalte des christlichen Glaubens herangeführt werden (z.B. Religionsunterricht, Kindergottesdienst, Jungschar)

2. Liberal-intellektuelles Milieu

Eine liberale Grundhaltung, der Wunsch nach Selbstbestimmung und vielfältige intellektuelle Interessen sind mir in meinem Leben wichtig. Ich bin 44 Jahre alt und arbeite in der Vorstandsetage eines Pharmaunternehmens, was ein hohes Maß an Leistungsbereitschaft von mir fordert. In meiner knapp bemessenen Freizeit unternehme ich etwas mit der Familie oder treffe mich gerne mit meinen Freunden im Rotary Club, um über Politik, Kultur, Sport und manchmal über die Kirche zu sprechen. Leider klappt es nicht immer, bei den Treffen dabei zu sein, weil ich beruflich viel unterwegs bin. Mit meinem Audi A8 in der Bang & Olufson Edition werden wenigstens die Fahrzeiten zur Firmenzentrale zu einem (Klang-)Erlebnis. Diesen Luxus gönne ich mir gern und kann dabei sogar auf niedrige Emissionswerte meines Wagens verweisen.

In meiner Wohnung verzichte ich auf Massenprodukte, stattdessen genieße ich das warme Licht der Wagenfeld-Leuchte, während ich abends auf meiner Le Corbusier-Liege in der ZEIT lese. Die Beilage »Christ und Welt«, aber auch die Seiten »Glaube und Zweifel« interessieren mich besonders. Im Frühjahr habe ich mit meiner Frau und ein paar Freunden einen exklusiven Segeltörn an der Costa Smeralda geplant. Solche Orte sind für mich wichtig – jenseits der Oberflächlichkeit und der Konsumorientierung unserer Gesellschaft.

Seit einigen Jahren nehme ich an den theologischen Ringvorlesungen in der Stephanuskirche teil. Dieses Jahr ging es um das Thema »Glaube und Sakramente«. Eine sehr anspruchsvolle Veranstaltung, eingebettet in hervorragende musikalische Beiträge. Zum dortigen Pfarrer hat sich während der Zeit ein freundschaftliches Verhältnis entwickelt. Auch wenn dies bis vor Kurzem noch keine Option war – derzeit überlege ich ernsthaft, ob ich mich taufen lasse …

Das Milieu

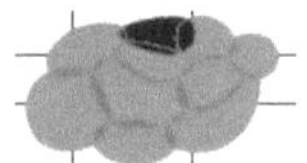

Kurzcharakteristik

Menschen, die dem liberal-intellektuellen Milieu zugeordnet werden,

- gehören zur aufgeklärten Bildungselite (höchste akademische Qualifikationen) und zeichnen sich durch eine liberale Grundhaltung sowie vielfältige intellektuelle Interessen aus,
- denken global und zeigen sich anderen Positionen und Lebensauffassungen gegenüber meist offen und tolerant,
- streben nach Leistung, Selbstbestimmung, Selbstentfaltung und persönlicher Weiterentwicklung,
- suchen das Gleichgewicht von Körper, Seele und Geist und streben nach intellektueller Herausforderung (Kunst, Kultur, Musik, Bildung),
- zeichnen sich aus durch einen nachhaltigen, umwelt- und gesundheitsbewussten Lebensstil – allerdings ohne ideologische Überfrachtung,

- sind gesellschaftlich engagiert (Initiativen, Politik, Kultur, Kirche) und tauschen sich intensiv innerhalb ihrer Netzwerke aus,
- freuen sich an den schönen Dingen des Lebens und genießen den Luxus und Service, der sich ihnen bietet (höchstes Haushaltsnettoeinkommen),
- konsumieren jedoch selektiv (»weniger ist mehr«) und hegen Aversionen gegen eine oberflächliche Konsumorientierung.

7 % der Bevölkerung
Altersdurchschnitt 45 Jahre

Lieder des liberal-intellektuellen Milieus

- Bob Dylan, »Things Have Changed«
- Joao Gilberto, »Girl From Ipanema«
- Rolling Stones, »Following the River«
- Klassische Musik der Spätromantik und des frühen 20. Jahrhunderts
- Calexico, »Two Silver Trees«

Taufe und liberal-intellektuelles Milieu

- Die Taufe ist eine »Dienstleistung«, und der Pfarrer ein (evtl. untergeordneter) »Dienstleister«.
- Die Individualität der Tauffamilie und der Paten sollte Berücksichtigung finden – eine Integration in den Gemeindegottesdienst muss ausführlich abgesprochen sein.
- Das Ritual der Taufe bringt menschliche Grunderfahrungen symbolhaft zur Darstellung.
- Weil die Kirche vor allem als »Kirche für andere« verstanden wird, ist ein eventueller persönlicher Taufwunsch als etwas Besonderes anzusehen.

Die Taufe ist eine kirchliche Dienstleistung.

Dos and Don'ts – Das Werteprofil des liberal-intellektuellen Milieus

Die Liberal-Intellektuellen tun sich schwer, wenn …

- der Taufgottesdienst kulturell, kognitiv, mental »ärmlich« wirkt und unter dem sonst gewohnten Niveau bleibt,
- die Tauffeier nicht den individuellen Ansprüchen gerecht wird und die eigenen Wünsche keine Berücksichtigung finden,
- Erscheinung, Auftreten und Sprache des Pfarrers das aus anderen Zusammenhängen gewohnte Maß an Professionalität vermissen lassen,
- die Pfarrerin nicht selbst erscheint, sondern ihren Vikar schickt,
- die Tauftheologie zu stark elementarisiert wird (»platte Theologie«),
- mehrere Taufen im selben Gottesdienst stattfinden und damit der hochindividuelle Anspruch nicht umgesetzt werden kann.

Die Liberal-Intellektuellen freuen sich, wenn …

- der Pfarrer professionell, selbstbewusst und anspruchsvoll auftritt und sich zugleich offen für die Wünsche der Tauffamilie zeigt,
- ein hohes Maß an individueller Beteiligung und Gestaltungsmöglichkeit gegeben ist,
- sich Performance und Ästhetik des Taufgottesdienstes durchweg auf einem sehr hohen Niveau befinden,
- die Tauffeier Stil hat und nach Möglichkeit in theologischer, liturgischer und künstlerischer Hinsicht dem »State of the Art« entspricht,
- der individuelle und besondere Charakter der Taufe deutlich zum Ausdruck kommt.

Theologische Anknüpfung

- Der Glaube ist ein ganzheitlicher Lebensakt, der nicht jenseits der Vernunft steht, sondern von ihr durchdrungen wird (*fides quaerens intellectum*).
- Schon die Reformatoren, allen voran Martin Luther und Philipp Melanchthon, wehrten sich dagegen, dass Evangelium und Bildung bzw. Evangelium und intellektuelle Erziehung auseinandergerissen werden.
- Die Taufe als sinnstiftende und ordnende Kraft betrifft den Menschen als Ganzen (Körper, Geist und Seele).
- Die Taufe ist einerseits ein individualisierendes Geschehen und eröffnet andererseits als kulturübergreifender Initiationsritus des christlichen Glaubens eine globale Perspektive.
- Die Taufe ist Zuspruch (Röm 6,1–11) und Anspruch (Röm 6,12ff.) an das Individuum und stellt den Einzelnen in den Horizont von Freiheit und Verantwortung.
- Die Kirche ist nicht etwa eine Einrichtung für ein bestimmtes Submilieu, sondern eine öffentlich wirksame Institution mit gesellschaftsprägender Kraft.

»Evangelische Provokationen«

- Die im Neuen Testament erzählten Taufgeschichten erweisen die Taufe nicht als punktuelle Inanspruchnahme eines »Services«, sondern als ein exponiertes Ereignis, das den weiteren Lebensweg existentiell und dauerhaft prägt (Apg 8,26–40: »Der Kämmerer aus Äthiopien«; Apg 16,14–15: Lydia etc.).
- Der Anspruch des christlichen Glaubens, der sich in der Taufe manifestiert (z.B. Eph 4,5: »Ein Herr, ein Glaube, eine Taufe«), wird der Systemlogik des Milieus gegenübergestellt (»Wir sind etwas Besonderes!«).
- Durch die Taufe wird das Individuum Teil des Leibes Christi, was nicht zuletzt den Aspekt der »Verantwortung« für diesen Leib einschließt. Der im Taufgeschehen ergangene göttliche Zuspruch schafft zuallererst die Motivation und die Grundlage für ein Leben in Verantwortung.

- Das Ideal der Selbstverwirklichung und Selbstbestimmung des Menschen wird mit der »Selbstverwirklichung« Gottes in Verbindung gebracht.

  »Im Glauben lassen wir es geschehen, dass Gott uns in den Prozess seiner Selbstverwirklichung hineinholt, wobei es tatsächlich um ›uns‹, unsere gesamte psychophysische Existenz geht, um uns ›mit Haut und Haaren‹ – im buchstäblichen Sinn dieser Worte … ›Glaube, Hoffnung, Liebe‹ – das ist die Kurzformel für das, was die Selbstverwirklichung des Christenmenschen beinhaltet.«

  Hans-Martin Barth, *Wohin – woher mein Ruf? Zur Theologie des Bittgebets*, München 1981, 178

Die Taufe 

Taufvorbereitung

Annäherungen

- Zur Geschichte des Patenamtes

  Infotext und tabellarische Übersicht
  Ulrike Seebo und Judith Augustin, in: Judith Augustin und Heinz Behrends (Hg.), *Taufe und Tauferinnerung*, 61–63 KET, SÖK

- Orientierungshilfe der EKD »Die Taufe«

  www.ekd.de/download/TaufeEKD.pdf

Taufgespräch

- Rahmen und Charakter
  - Die Milieuästhetik spielt hier eine besondere Rolle für das Gelingen von Kommunikation: Die Begegnung – wohl im Haus der Taufeltern – verläuft professionell und ist sehr gut vorbereitet; auch die äußere Erscheinung des Pfarrers ist von Bedeutung (Business oder Smart Casual).
  - Der Täufling bzw. die Taufeltern erwarten ein hohes Maß an individueller Gestaltungsfreiheit und schlagen auch »heterodoxe« Elemente vor, über die aber offen diskutiert werden kann.
  - Nichts ist einfach »gesetzt«, weder liturgische Vollzüge noch theologische Positionen. Was nicht plausibel erscheint, wird in Frage gestellt.
  - Es ist durchaus möglich, dass die Gesprächsinitiative nach einer gewissen Zeit von den Taufeltern bzw. vom Täufling übernommen wird.

- Themen des Gesprächs
  - pragmatische Fragen über Religion, Kirche und Glauben (z.B. »Kann ein Nicht-Kirchenmitglied Taufpate werden?«)
  - Genese des Taufwunsches (»Welche Überlegungen gaben für Sie den Ausschlag, sich [bzw. Ihr Kind] taufen zu lassen?«)
  - tiefschürfende, intellektuell anspruchsvolle Diskussion über Fragen der Tauftheologie (z.B. »Wie verhalten sich Kindertaufe und Selbstbestimmung?«)

- o kritische Auseinandersetzung mit dem *status quo* der kirchlichen Taufpraxis
- o zentrale Passagen aus epochemachenden theologischen Tauftexten (z.B. Luthers Taufbüchlein von 1526)
- o gemeinsame Erarbeitung einer Liturgie mit einer kreativen Spannung zwischen den »Essentials« der Taufe und individuellen Gestaltungswünschen

Taufseminar

- »Eintauchen ins Leben«

  Birgit Rommel, Maike Sachs, Werner Schmückle, Søren Schwesig, *Eintauchen ins Leben. Ein Taufkurs für Erwachsene in fünf Schritten*, Bielefeld 2012.

Der Taufgottesdienst

Rahmen, Ort und Zeit

Das Bedürfnis nach Exklusivität und Individualität lässt sich am besten in einem separaten, außergewöhnlich formatierten Gottesdienst realisieren (vgl. aber »Evangelische Provokationen«).

- Taufe an »fremden« Orten (z.B. in einem Loft, einem Konzertsaal etc.), die spezifische Partizipationsmöglichkeiten des Täuflings oder der Angehörigen eröffnen
- Taufe an einem besonderen Ort innerhalb der Kirche, der zugleich Gegenstand der Ansprache bzw. einer Betrachtung ist (z.B. in der Krypta, vor einem Glasfenster, in einem Seitenflügel, im Chorraum)
- Taufe im Rahmen eines Abendkonzertes in einer Kirche

Tonalität des Gottesdienstes

- Die Tonalität des Gottesdienstes wird schon deutlich, bevor das erste Wort gesprochen ist: Die Gäste werden persönlich begrüßt, eine ausreichende Zahl an Sitzplätzen ist reserviert (Reservierungsschilder), der Blumenschmuck ist stilvoll arrangiert (evtl. durch die Taufgesellschaft bereitgestellt) usw.
- Das Taufgeschehen macht einen professionellen, niveauvollen und intellektuell anspruchsvollen Eindruck.
- Die Tauffamilie erlebt den Gottesdienst als authentische und undogmatische kirchliche Veranstaltung, die Raum lässt für individuelle Ausdrucksformen (vgl. die »Selbstverwirklichung« als Grundorientierung des liberal-intellektuellen Milieus) und aktuelle politische und kulturelle Themen einbezieht.

Liturgie

- milieuspezifische liturgische Elemente
  - o feierlicher Einzug der Taufgesellschaft während der Eingangsmusik

- mit Bedacht formulierte Begrüßung der Taufgesellschaft
- Verfremdung und Modifikation von klassischen Elementen der Taufliturgie (z.B. Lesungen nach anderen Übersetzungen, Psalmmeditation, Momente der Stille)
- Salbung mit Chrisam (Salböl) nach der Taufe

  Sinn dieses ausdeutenden Ritus ist es, die Partizipation des Täuflings an Christi Priestertum, Königtum und Prophetenamt darzustellen.

  Pfarrer: »Du wirst nun mit dem heiligen Chrisam gesalbt; denn du bist Glied des Volkes Gottes und gehörst für immer Christus an, der gesalbt ist zum Priester, König und Propheten in Ewigkeit.«

  Gemeinde: »Amen.«

  Formulierung aus *Die Feier der Kindertaufe*, Einsiedeln 1971, Nr. 29
  Willi Hoffsümmer, *68 Taufansprachen*, 24f. SÖK

- musikalische Beiträge unter Berücksichtigung der hochkulturellen Musikpräferenzen (z.B. festliche Orgelmusik, klassisches Ensemble, Chor)

- Beteiligungsmöglichkeiten
  - musikalischer Beitrag von Freunden der Tauffamilie
  - »Warum ich mein Kind taufen lasse«

    Die Beweggründe für die Taufe werden in eigenen Worten auf persönliche Weise zur Darstellung gebracht.

  - eigene Gedanken zu einem Element der Taufe, zu einem Artikel des Glaubensbekenntnisses etc.

Lieder

Es ist nicht zu erwarten, dass das kirchliche Liedgut bzw. die traditionellen Tauflieder bekannt sind. Auf allzu beliebte und »liebliche« Kinderlieder (wie z.B. das »Kindermutmachlied«) verzichten. Folgende Alternativen sind denkbar:

- Umrahmung der Tauffeier durch »geistliches« Liedgut
- Rezitation oder musikalische Darbietung (Instrumentalensemble, Chor) eines klassischen (Tauf-)Liedes aus dem Gesangbuch (z.B. »Gott Vater, du hast deinen Namen« [EG 208])
- Bezug zum persönlichen Musikgeschmack des Täuflings
  Milieuspezifische Lieder werden von einem Tonträger abgespielt und zum Thema gemacht.

Textbausteine für die Taufansprache

»Wegbegleitung Gottes« (Apg 8,26–40)

Er war einflussreich, gebildet und überdurchschnittlich wohlhabend. Die Kultur- und Bildungsreise in den Norden hatte er minutiös geplant. Seine Erwartungen waren groß – doch nun befindet er sich auf der Rückreise. Enttäuscht und aufgebracht ist er. Hatte er doch gehofft, dass die Reise in das Zentrum des jüdischen Glaubens einige seiner bohrenden Lebensfragen beantworten würden.

Fehlanzeige! Der Zugang zum Tempel blieb ihm als Gast aus Äthiopien verwehrt. Ihm, dem sich sonst alle Türen wie von alleine öffneten. In Jerusalem herrschten damals strenge Vorschriften, wenn es um die Teilnahme an der religiösen Feier im Tempel ging. Selbst ein wohlhabender Finanzminister, der am äthiopischen Königshof arbeitete, hatte hier keine Privilegien. Dabei veranlasste ihn doch eine zutiefst spirituelle Fragestellung zu dieser anstrengenden Reise auf der Pferdekutsche: »Wohin bin ich eigentlich unterwegs in meinem Leben? Kann die jüdische Religion mir Orientierung geben?«

In seinen Händen hält er eine Abschrift eines alten Prophetenwortes aus dem 6. Jahrhundert vor Christus. Ein Unikat aus der jüdischen Metropole. Hier ist die Rede von einem Schaf, das zur Schlachtung geführt wird, und von einem Leben, das vergehen wird. Für ihn eine Schriftrolle mit sieben Siegeln! (vgl. Apg 8,32f.)

Doch der Gast aus Äthiopien trifft auf einen Mann namens Philippus, der am Wegrand steht und ihm seine Hilfe anbietet. Er steigt zu ihm in den Wagen und beginnt, ihm die theologischen Hintergründe zu erklären. Philippus erklärt, wie der Prophet Jesaja auf das Leben Jesu Christi Bezug nimmt. Wie durch ein Wunder beginnen sich ihm die alten Worte allmählich zu erschließen.

Mitten in dieser theologischen Konversation kommt es zur Konversion. Der Äthiopier ist fasziniert von der Jesus-Geschichte, die sich in Jerusalem ereignet hat. Er spürt die Kraft des Glaubens, und allmählich wächst in ihm der Wunsch, sich taufen zu lassen. Er möchte Teil dieser Jesus-Bewegung werden. Als Minister ist er es gewohnt, klare und eindeutige Entscheidungen zu treffen. Nun ist es soweit. Als der Wagen an einem Wasser vorbeifährt, bittet er Philippus, ihn zu taufen.

Sein Leben verändert sich, alles verändert sich. Seine innere Umkehr wird durch ein äußeres Zeichen bekräftigt. Dieses spirituelle Ereignis bringt Klärung in sein Leben. Er hat erkannt, dass sein Leben von einem Ziel her bestimmt ist. Das verändert seinen Weiterweg: »Er zog seine Straße fröhlich.« (Apg 8,39)

Wohin bin ich eigentlich unterwegs? Was ist das Ziel meiner Lebensreise? Mit der Taufe werden diese Fragen vom Ziel her beantwortet. – Gott spricht ein ganzheitliches »Ja« über meinem Leben aus. Dadurch entsteht eine Gewissheit, die die Lebensqualität im Hier und Jetzt verändert. Die Taufe befreit von gesellschaftlichen Konventionen und Verpflichtungen. Das verändert den Weiterweg und befreit zur Verantwortung. Jeder Tag meines Lebens ist bereits ein Teil des großen Ziels.

- Weitere Ideen
  - Apg 16,11–16: Die Taufe der Purpurhändlerin Lydia

    Die Taufe eines Individuums hat weitreichende Auswirkungen auf eine ganze Gesellschaft.
  - 1Kor 11,17–34: Ein Appell gegen gesellschaftlich und ökonomisch bedingte Spaltungen in der Gemeinde
  - »Du, mein Kind, das ich lieb habe«

    Ausgearbeitete Ansprache mit Gedichten von Rudolf Otto Wiemer, Hans Manz und Franz Wittkamp.

    Hannes Dietrich Kastner, in: Erhard Domay (Hg.), *Taufe*, 92–95
  - Texte und Gedichte zur Taufe aus der Literatur

    Jeremias Gotthelf, Die Schwarze Spinne

Die Taufansprache des Pfarrers verhallt ungehört, weil die Taufgesellschaft zu sehr mit den Äußerlichkeiten des Tages beschäftigt ist. Da lässt Gott den Großvater eine schauerliche Geschichte erzählen …

online bei www.gutenberg.spiegel.de

Hilde Domin, »Bitte«

»Wir werden eingetaucht
und mit dem Wasser der Sintflut gewaschen,
wir werden durchnässt
bis auf die Herzhaut. […]«

Hilde Domin, *Der Baum blüht trotzdem*

Weiterführung

Das Ritual der Taufe setzt einen Denkprozess in Gang. Sie ist ein Anlass, sich den Grundfragen menschlicher Existenz zu stellen und sie diskursiv zu durchdringen. Kirchliche Angebote, die diesen Prozess unterstützen, sind durchaus willkommen.

- Veranstaltungen
  - Vertiefung der Taufbegegnung durch Bildungsveranstaltungen
  - regionale und überregionale kirchliche Fortbildungsangebote des Kirchenbezirks und/oder der Landeskirche
  - »Drei Elternabende zur religiösen Erziehung«

    Themen: 1) Kinder fragen – und was soll ich antworten?, 2) Zur guten Nacht – Rituale, 3) Mit Kindern über den Tod reden

    Monika Nikolei, in: Peter Barz und Bernd Schlüter (Hg.), *Werkbuch Taufe*, 116–124 + DVD BÜM
  - klassische Kirchenkonzerte
- Taufbrief ein Jahr nach der Taufe verbunden mit der Einladung zu einer Tauferinnerungsfeier

3. Milieu der Performer

Ich lebe mit meiner Partnerin in einem Loft der Mannheimer Altstadt, bin Online-Broker und noch U40. Mein Lebensmotto lautet: »Leistung aus Leidenschaft«! Ich versuche meinen Konkurrenten immer einen Schritt voraus zu sein. Daher bin ich auch »always on« – nur so kann ich meine Projekte effizient erledigen. Wenn ich die entsprechenden »Deals« abgeschlossen habe, liebe ich es, mit meiner Partnerin im neuen Porsche Boxster ins Elsaß zu fahren. Auf abgelegenen Routen folgen wir der »Michelin-App« zu exquisiten Sterne-Restaurants. So wird der Erfolg stilvoll gefeiert.
Lange Zeit waren Windeln, Schnuller und Hipp-Breichen mein größter Alptraum. Durch die Geburt unserer Tochter Joyce musste ich mich aber damit arrangieren. Leider ist deshalb der geplante Segeltörn im Atlantik ins Wasser gefallen – aber feiern kann man auch woanders. Plötzlich rückt die Kirche wieder in unser Blickfeld. Sollen wir unsere Tochter taufen lassen? Die Kirche ist leider ziemlich verschlafen – dabei könnte man aus der Location echt was machen. Neulich habe ich der Pfarrerin gemailt. Sie schrieb sofort zurück und wir haben uns daraufhin in einer Bar getroffen und über die Taufe unterhalten. Am Ende war es für uns klar. Das mit der Taufe könnte ein echter Event sein! Dazu laden wir unsere Community ein und verbreiten eine richtig gute Stimmung!

Das Milieu

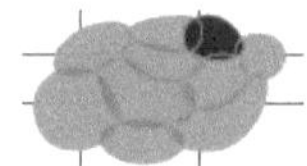

Kurzcharakteristik

Menschen, die dem Milieu der Performer zugeordnet werden,

- gehören zur multioptionalen, effizienzorientierten Leistungselite und verfügen über ein hohes Haushaltsnettoeinkommen (43 % haben über € 3000 im Monat),
- weisen eine ausgeprägte »Macher-Mentalität«, gepaart mit einem hohen Selbstbewusstsein, auf,
- lassen sich nicht auf konventionelle Lebensmuster festlegen, sondern bevorzugen Patchworking,
- sind herausragende Networker und können zahlreiche Prozesse simultan verarbeiten (Multitasking),
- integrieren die neuen Medien in alle Bereiche der individuellen Lebensgestaltung,
- besitzen in Beruf, Freizeit und Sport eine kompetitive Grundhaltung und suchen die persönliche Herausforderung,
- pflegen eine Outdoor orientierte Freizeitgestaltung,
- haben ein großes Interesse an sportlichen Aktivitäten, wobei Trend- und Extremsportarten besonders attraktiv sind,

- stellen hohe Ansprüche an Qualität und Design und konsumieren gerne, um sich für Erfolge zu belohnen.

7 % der Bevölkerung, Tendenz steigend
Altersdurchschnitt 41 Jahre

Lieder der Performer

- Katie Melua, »Nine Million Bicycles«
- Depeche Mode, »Enjoy the Silence«
- 2raumwohnung, »Rette mich später«
- MC Hammer, »U Can't Touch This«
- Norah Jones, »Young Blood«

Taufe und Milieu der Performer

- Die Kirche erhält mit dem traditionellen, überzeitlichen Ritual der Taufe Anteil an der postmodernen Lebenswelt der Performer und erhält als »Projekt« – das auch fordern darf! – eine Bedeutung für einen bestimmten Lebensabschnitt und für eine bestimmte Zeit.
- Die Taufe wird nicht als ein lebensbegleitendes Kasual, sondern als ein individuell gestalteter religiöser Event und somit als Teil eines erlebnis- und erfolgsorientierten Lebens betrachtet.
- Das Taufritual wird insbesondere dann als sinnvoll erlebt, wenn es einen positiven Einfluss auf die individuelle Lebensqualität und die Persönlichkeit ausübt.
- Die aufrichtige Frage nach dem, was auch jenseits des Materiellen trägt und worauf man sich verlassen kann (»Sinn des Lebens«), darf offen angesprochen werden. Zur Selbstsicherheit und souveränen Alltagsbewältigung der Performer gesellen sich ein nachdenklicher Zug und die Bereitschaft, auch Schwäche und Ohnmacht zu zeigen.
- Der Taufevent ist dann gelungen, wenn er bunt und kreativ ist, verschiedene, mit dem Täufling bzw. der Tauffamilie erarbeitete Zugangsweisen bietet und vielfältige Partizipationsmöglichkeiten eröffnet.
- Die Pfarrerin vermittelt den Eindruck von Kompetenz in Sachen Glaube und Spiritualität und tritt selbstbewusst, interessiert und offen auf.

Die Taufe ist ein Event, mein Event.

Dos and Don'ts – Das Werteprofil des Milieus der Performer

Die Performer tun sich schwer, wenn …

- sich die Pfarrerin an die klassischen liturgischen Entwürfe der Taufagende klammert und keinen Raum für individuelle Gestaltung eröffnet,

- der Taufgottesdienst in den gewöhnlichen Hauptgottesdienst und dessen ortsübliches, liturgisches Konzept eingebunden ist,
- die Bedeutung der Taufe primär durch die kirchliche Tradition begründet wird und dadurch als veraltetes Ritual erlebt wird,
- mit der Taufe die Erwartung einer »lebenslangen« Bindung verbunden wird,
- es im Taufgottesdienst bestimmte Restriktionen gibt (z.B. Filmverbot, Kleidervorschriften o.ä.).

Die Performer freuen sich, wenn …

- die Pfarrerin als selbstbewusste Expertin für christliche Religion und Spiritualität auftritt,
- die Tauffeier als Event inszeniert wird, der gefilmt und online gestellt werden kann (evtl. Livestream der Tauffeier, YouTube),
- ein hohes Maß an Flexibilität vorhanden ist, individuelle Gestaltungsspielräume eröffnet und auch exotische Ideen nicht gleich verworfen werden,
- die Pfarrerin das Profil des evangelischen Glaubens und evangelischer Spiritualität artikuliert und mit den individuellen Wünschen vermittelt,
- schon die Taufvorbereitung interaktive und gruppendynamische Arbeitsformen integriert und multimedial unterstützt ist,
- ggf. ein Pfarrer aus dem eigenen Netzwerk die Taufe durchführen kann.

Theologische Anknüpfung

- Die Symbolik des Sterbens und Auferstehens in der Taufe (Röm 6) steht für die radikale Grenzerfahrung des Glaubens.
- Der Vollzug der Taufe in der Geschichte des Christentums brachte eine Vielfalt von kulturellen und spirituellen Ausdrucksformen hervor, die nicht veraltet sind, sondern existentielle Bedeutung erlangen können.
- Die Taufe bettet ein in das weltweite Reich Gottes (das globale »Netzwerk der Getauften«) und eröffnet eine Perspektive, die über Grenzen und Kulturen hinweg verbindet.
- Das Taufwasser wird gedeutet als Symbol der Vitalität und Lebensfreude.
- »God is always on«: Unsere Gottesbeziehung ist nicht an bestimmte Zeiten und Orte gebunden.

»Evangelische Provokationen«

- Die Taufe hinterfragt »Erfolgsideologien« und Leitmotive der Performer (z.B. »Jeder ist seines Glückes Schmied!«), weil sie ohne vorgängige Leistung und ohne Ansehen der individuellen Leistungsorientierung und -fähigkeit empfangen wird.
- Die Taufe trägt auch dann, wenn es nicht weiter vorwärts und aufwärts geht, wenn Lebenspläne zerbrechen. Die Annahme durch Gott gilt unabhängig und jenseits von materiellen und beruflichen Errungenschaften.

- Der Wunsch nach Freiheit wird in der Taufe realisiert – auf eine vielleicht unerwartete Weise. Die Taufe befreit vom Erfolgszwang und ermöglicht einen gelasseneren Umgang mit »Fortschritt«.
- Die Taufe verbindet über meine Community hinaus und stellt in eine größere Gemeinschaft. Das Distinktionsstreben wird hinterfragt.
- Die Taufe geschieht in der Perspektive einer verlässlichen, lebensprägenden Bindung.

Die Taufe

Taufvorbereitung

Annäherungen

- attraktive und informative Website der Kirchengemeinde

  Die Website der Kirchengemeinde präsentiert übersichtlich und kompakt die wichtigsten Informationen zur Taufe (keine Textwüsten!). Es besteht die Möglichkeit, auf verschiedene Weise mit dem Pfarramt bzw. der Pfarrerin in Kontakt zu treten (Email, Facebook, SMS). Dabei muss eine zeitnahe Reaktion auf die Kontaktaufnahme gewährleistet sein.

- Hinweis auf zum Download bereitstehende Taufbroschüren der Landeskirchen

  Erklärungen zur Taufe und zum Patenamt, liturgische Elemente, Taufsprüche und Gedichte, rechtliche Aspekte; meist mit weiteren Angeboten und Information im Internet.

  www.ekiba.de/download/27524_Taufbroschuere.pdf,
  www.ekhn.de/inhalt/download/godi/taufbrosch.pdf,
  www.evkirchepfalz.de/uploads/tx_templavoila/Kopie_von_TaufBrosch_LAY4_Wb.pdf,
  www.zh.ref.ch/handlungsfelder/vg/taufe/Taufbroschuere.pdf LIB, BÜM

- »Wassermusik«: Wie klingt Wasser?

  (bei Taufe im Konfirmandenalter)

  Im Konfirmandenunterricht werden Wasserklänge aufgenommen und zu einer Klangcollage weitergeformt (u.a. mittels elektronischer Bearbeitung). Das Ergebnis wird im Taufgottesdienst eingespielt und gedeutet. LIB, EPE

Taufgespräch

- Rahmen und Charakter
  - Die Erstbegegnung ist je nach Wunsch der Eltern bzw. Taufanwärter an vielen Orten denkbar: in der Wohnung, in einem Café, der Szenekneipe, in der Kirche, evtl. auch im Pfarramt.
  - Es wird erwartet, dass die Taufe verständlich erklärt, zugleich aber auch in neue Kontexte integriert wird.
  - Performer sind selbstbewusst, redegewandt, leistungsbereit und haben Spaß, sich auszuprobieren und zu präsentieren.
- Themen des Gesprächs
  - die geplante »Tauf-Location« (evtl. als Gesprächseinstieg); Offenheit signalisieren (»Warum taufen wir nicht gleich in der Bar, in der Sie im Anschluss feiern werden?«) – vom Ort der Taufe zu ihrem Wesen und Inhalt

- o kreativer Planungsprozess, der sich auch über das konkrete Gespräch hinaus via Email fortsetzen kann (evtl. unter Beteiligung des Netzwerks)
- o Erarbeitung eines individuellen Liturgieentwurfs, in dem ein großer Teil von der Tauffamilie und ihrer Community verantwortet wird und der Raum lässt für experimentelle und extravagante Gestaltungswünsche
- o gezielter und phantasievoller Einsatz von Multimedia

Taufseminar

- Elemente aus den Glaubenskursen »Spur8« und »Alpha«, v.a. aber »Expedition zum Ich – In 40 Tagen durch die Bibel«

  AMD (Hg.), *Erwachsen glauben*, 141–146
  www.expedition-zum-ich.de

Der Taufgottesdienst

Rahmen, Ort und Zeit

Ein separater Gottesdienst kommt dem Wunsch nach individueller Beteiligung und Gestaltungsfreiheit am nächsten. Entweder unterstreicht das Format den »Eventcharakter«, oder er setzt bewusst einen gegen-kulturellen Kontrapunkt.

- Taufe an außergewöhnlichen Orten (z.B. im Bergwerk, im Heißluftballon, in der Schlosskapelle, in der Autobahnkirche, am See, in einer Bar)
- Taufe in ruhiger, besinnlicher und meditativer Atmosphäre an einem »spirituellen Ort« (z.B. Kloster, Haus der Stille)

Tonalität des Gottesdienstes

- Der Gottesdienst wird als ein spirituelles »Ereignis« inszeniert, das viel Raum zur kreativen, individuellen und interaktiven Ausgestaltung lässt und auch im Vollzug flexibel und offen (»multioptional«) bleibt. Er ist durchweg als gemeinschaftliches Projekt formatiert.
- Das Ritual bleibt nicht äußerlich, sondern »ereignet sich« im und für das Leben der Tauffamilie.
- Die liturgischen Elemente werden nicht einfach vollzogen, sondern reflektiert und erläutert. Die Pfarrerin ist auch »Moderatorin«. Gemeindeglieder stehen während des Gottesdienstes als »Guides« für die Tauffamilie zur Verfügung.
- Sprache und Gestus sind authentisch und gewandt, auf keinen Fall manieriert und gekünstelt.

Liturgie

- milieuspezifische liturgische Elemente
  - o Begrüßung: Video-Loop zur Taufe (Symbole der Taufe: Licht, Kreuz, Wasser)

- interaktive Phasen während des Gottesdienstes, z.B. Abstimmung mit Karten, Gesprächszeit, Stationen
- erfahrungsbezogene, charismatische Elemente aus der reichen Tauftradition
- Entzünden einer Kerze in meditativer Stille
- »Erstkommunion« im Anschluss an die Taufe entsprechend altkirchlicher (und orthodoxer) Praxis

  Der Neugetaufte erhält nicht nur Brot und Wein, sondern auch einen Kelch mit Wasser sowie einen Kelch mit Milch und Honig.

- Beteiligungsmöglichkeiten
  - Flyer mit Gottesdienstablauf, vom Netzwerk der Tauffamilie professionell und kreativ gestaltet
  - künstlerische oder literarische Beiträge, Multimedia-Präsentation

    Der Täufling bzw. die Tauffamilie greift zusammen mit Freunden und/oder Gemeindegliedern ausgewählte Taufmotive auf und bringt sie mit individuellen Lebens- und Glaubenserfahrungen ins Gespräch.

  - Auftritt einer befreundeten bzw. bekannten Band der Community

    Die Lieder der Performer sind ein Spiegelbild ihres Lebensgefühls. Der Täufling bzw. die Tauffamilie kann selbst formulieren, was durch ein bestimmtes Lied zum Schwingen kommt. Evtl. kann sich die Taufansprache an das Dargebotene anlehnen.

  - Twitterwall bzw. virtuelle Partizipation des Netzwerks via Livestream
  - kreativ-künstlerisches Taufgeschenk des Freundeskreises

Lieder

Innerhalb eines Gemeindegottesdienstes wird die musikalische Barriere spürbar. Kirchenmusik der 1970er entspricht nicht der gängigen Milieuästhetik. In einem separaten Gottesdienst kann besser auf die individuellen musikalischen Präferenzen der Tauffamilie eingegangen werden.

- instrumentale Untermalung (z.B. Lounge-Stil, Rhythmen, Chill-out Praise)
- klassische Choräle (nach Absprache)

Textbausteine für die Taufansprache

»Ein Tag am Meer – eintauchen in eine neue Welt«

Zur Taufansprache bietet sich sehr gut eine mediale Untermalung mit verschiedenen thematisch passenden Bildern an (z.B. Stichwort: »Eintauchen«, »Tauchen«; s.u.); keine gewöhnliche »Dia-Show«, sondern Zoom-Bewegungen in den Bildern (»Ken-Burns-Effekt«).

Die einzelnen knappen Sätze sollten langsam und mit Pathos vorgetragen werden, um so der bildreichen Sprache zu voller Wirkung zu verhelfen. Dem Reflex, mehr sagen zu wollen, sollte widerstanden werden, denn wenige, durchdachte Sätze sind mehr.

Reichlich Wasser eingießen

Gleich folgt ein großer Moment: die Taufe!
Sie sehen hier schlichtes Wasser. Wozu eigentlich Wasser?
Taufen müsste besser heißen: Tauchen, Eintauchen! Ja, Sie haben richtig gehört: Tauchen …
Ich denke da an ein Korallenriff in der Südsee. Man fliegt mit einem kleinen Sportflugzeug hinaus zum Riff. Ein paar Mal kreist der Pilot über die Stelle, wo das Riff liegt: herrlich blaue See, glasklar. Ein bisschen was schimmert durch. Sie sehen es … atemberaubend. Das Herz klopft.
Gleich folgt der große Moment: der Pilot geht tiefer, die Luke öffnet sich … Sie springen …
Nur zwei, drei Sekunden, dann erreichen Sie die Wasseroberfläche … alles geht sehr schnell, intuitiv schließen Sie die Augen. Ein Ruck und Sie sind drin … einmal Luft holen, die Augen öffnen. Was Sie jetzt sehen, können Sie nicht glauben … Sie trauen ihren Augen nicht: Farben, die Sie nicht kannten… Tiere, die Sie nie gesehen … Formen, die Sie niemals gedacht …
Eine neue Welt tut sich auf … man sieht sie nur, wenn man den Sprung wagt und eintaucht.
Gleich folgt der große Moment: die Taufe!
Taufen müsste besser heißen: Eintauchen …
Mit der Taufe tauchen Sie ein in eine neue Welt. Eine Welt mit Gott … Es wird etwas ganz Großes sein, etwas, was Sie nicht kannten, nie gesehen und niemals gedacht haben.
Eine Welt von echter Freiheit und freier Echtheit.
Eine Welt von ehrlicher Offenheit.
Eine Welt von ständigem Wandel, weil Gott uns nicht so lässt, wie wir sind.
Eine Welt voller Neuentdeckungen, weil Gott uns neue Horizonte eröffnet.
Eine Welt, in die es sich einzutauchen lohnt …
Dabei bleibt es nicht.
Nach dem Eintauchen folgt das Auftauchen.
In dem Wissen um diese neue Welt verändert sich auch mein Jetzt.
Alles bleibt anders.
Durch die Tauferfahrung bin ich in die neue Wirklichkeit Gottes mit hineingenommen.
Ich tauche auf in der Gewissheit, dass der Einblick in Gottes neue Welt mein Leben heute schon prägt und verändert.
Und nun folgt der große Moment …

Vollzug der Taufe

Im Anschluss evtl. Weiterführung der Metaphorik: Auftauchen, durch den Tod hindurch zum ewigen Leben.

- Weitere Ideen
  - Pilgerweg durch die altehrwürdige Kirche
  - An verschiedenen Stationen in der Kirche (Portale, Fenster, Chorraum, Empore, etc.) erschließen sich einzelne Elemente der Taufe. Die Stationen-Reise mündet schließlich in die Taufe.

- o Taufe im Vergleich zu einem »Deal«, den man eingeht: Voraussetzungen, Verpflichtungscharakter, Vertragsinhalt/»Leistung«, Gelingen und Scheitern
- o »Water – what else?« – in Anlehnung an die Nespresso-Werbung (»Nespresso – what else?«), die auf das Lebensgefühl von Performern abzielt

  Kaffee ist nicht besonders neu noch besonders hip, er ist billig zu haben, eine Massenware. Nespresso ist demgegenüber »Kult«, er zeugt von Exklusivität und Qualität und harmoniert mit einem bestimmten Lebensstil. Auch Wasser ist (vordergründig betrachtet) nichts Besonderes und für alle problemlos zugänglich. Das Taufwasser hingegen ist nicht »schlicht Wasser«, sondern »das Wasser in Gottes Gebot gefasst und mit Gottes Wort verbunden« (so Martin Luther im *Kleinen Katechismus*, 1529). Es steht für eine neue Lebensart und symbolisiert eine exklusive Qualität der Gottesbeziehung. – Während der Ansprache wird der aktuelle Werbeclip gezeigt.
- o »Wir sind auserwählt« (zu Lk 10,20)

  Claudia Kettering, in: Erhard Domay (Hg.), *Arbeitsbuch Kasualien*, 42f.

Weiterführung

Am ehesten bleibt der Kontakt zum Getauften bzw. den Taufeltern über die neuen Medien und sozialen Netzwerke erhalten, d.h. die Pfarrerin bzw. ein Gemeindemitglied aus dem Milieu der Performer steht in regelmäßigem Austausch über Facebook oder Twitter.

- »Elternbriefe zur religiösen Erziehung«

  Ein Projekt der Evangelischen Aktionsgemeinschaft für Familienfragen in Bayern.

  Vierteljährlich sowie zu Weihnachten werden kostenlose Briefe im Umfang von etwa 2–3 Seiten zu den für das jeweilige Alter des Kindes (bis zum sechsten Lebensjahr) relevanten Fragen der religiösen Erziehung per Email verschickt.

  www.vertrauen-von-anfang-an.de TRA, BÜM, SÖK, PRA
- Hinweis auf E-Learning Plattform zu weiteren Themen des Glaubens, mit kurzen Videoclips

  www.e-wie-evangelisch.de
- Anregungen für einen ganzheitlich praktizierten Glauben, z.B. das Körpergebet, neue Liturgieformen (auch Englisch)

  www.koerpergebet.de (mit DVD)
  www.anewliturgy.com
- Veranstaltungen:
  - o Gestaltung einer Tauferinnerungsfeier am gewählten Taufort
  - o »Church Night« am Reformationstag
  - o Adaption des »Alpha«-Glaubenskurses

    AMD (Hg.), *Erwachsen glauben*, 130–135
    www.alphakurs.de

4. Expeditives Milieu

Ich komme gerade aus einem Kurzurlaub in der Karibik zurück. Da gibt es eben doch die besten Plätze zum Surfen weltweit. Ich brauche das, viermal im Jahr einfach ganz aussteigen, gar nicht lange, vielleicht eine Woche oder zehn Tage. Wie gut, dass ich keine Familie habe. Da ging' das gar nicht. Nur einen Rucksack mit dem Nötigsten einpacken, Badehose, Wäsche zum Wechseln und das neue iPad natürlich. Fantastisch, was man da für Aufnahmen mit machen kann. Und dann weg. Hohe Ansprüche ans Hotel habe ich gar nicht. Entscheidend ist die Erfahrung des Abschaltens, Umschaltens, des sich neu Erfahrens und neu Erprobens. Gemeinsam mit anderen auf die Welle warten, die mich ganz fordert; den Kick haben, wenn man es wieder einmal geschafft hat, auch wenn es natürlich nicht ganz ungefährlich war. Wenn ich dann zurückkomme, fühle ich mich wie neugeboren, erneuert, bereit, mich wieder dem Stress in unserer Düsseldorfer Werbeagentur zu stellen und Leistung zu bringen, auch hier Grenzen zu überschreiten, das Unmögliche möglich zu machen, eben auf der Welle zu reiten. Nur dass mich das eben schafft: das Geprotze auf der einen Seite, der katholische Mief der Stadt auf der anderen Seite. Da habe ich in Costa Rica eine ganz andere Form von Religion kennengelernt: wild, hart, fordernd. Voodoo – das verurteilen wir mit unserer westlichen Rationalität vielleicht viel zu schnell. Vielleicht ist das Aberglauben, ich kann das nicht beurteilen. Es ist in jedem Fall faszinierend, auch mal so etwas kennenzulernen; seine Identität zu wechseln, sich auszusetzen, nicht zu wissen, was passiert. Da könnten sich unsere Kirchen etwas von abschneiden. Vielleicht würden sie dadurch interessanter. Aber an so Typen wie mir sind die ja ohnehin nicht interessiert.

Das Milieu

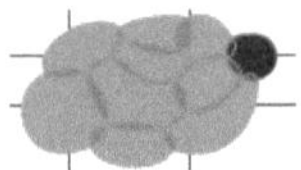

Kurzcharakteristik

Menschen, die dem expeditiven Milieu zugeordnet werden,

- sind offline und online vernetzt, immer auf der Suche nach neuen Grenzen, die sie überwinden können, und nach neuen Lösungen,
- sind leistungsorientiert, daher flexibel und mobil (im sozialen, kulturellen, mentalen und geographischen Sinne),
- erweisen sich als ausgeprägte Individualisten,
- verstehen sich als liberal, undogmatisch, nicht-ideologisch festgelegt, nonkonformistisch, als pragmatisch, zielstrebig und gelassen, im postmodernen Sinne als fortschrittlich, also als »urban styler«: jung, hipp und kreativ,
- nutzen in ihrer Freizeit intensiv die modernen Medien und sind weit überdurchschnittlich aktiv: sportlich, kulturell und sozial,

»Was Menschen dazu bringt, sich mit Extremleistung zu verwirklichen«, *Der Spiegel* 40 (2012) 62–67.

- sind vielfach ledig und Singles (viele leben noch im Haushalt der Eltern), häufiger Männer als Frauen, vergleichsweise hoch gebildet (geringster Anteil an Hauptschulabschlüssen; höchster Prozentsatz an Abiturienten),
- sind zu 40 % noch in der Ausbildung (Studium etc.) und, falls schon berufstätig, überdurchschnittlich häufig Selbständige und Freiberufler, hoch qualifizierte und leitende Angestellte,
- verfügen über ein überdurchschnittliches Haushaltseinkommen, wenn sie bei den Eltern im Haushalt mitleben; haben mittlere bis gehobene materielle Ressourcen, wenn sie selber berufstätig sind.

6 % der Bevölkerung, Tendenz steigend
Altersdurchschnitt 28 Jahre

Lieder der Expeditiven

- Flying Lotus, »Tea Leaf Dancers«
- Kate Mash, »Mouthwash«
- Pantha Du Prince, »Stich to My Side«
- The Whitest Boy Alive, »Fireworks«
- The XX, »Crystalised«
- Velvet Unterground, »Venus in Furs«
- Björk, Independent (»Indie«) music

Taufe und expeditives Milieu

- Die Taufe wird im Regelfall eine Erwachsenentaufe sein, und sie geschieht im Kontext eines mit dem kirchlichen Leben vor Ort nicht vertrauten Milieus.
- Der Täufling sieht sich erheblichen Plausibilisierungs- und Legitimationsherausforderungen ausgesetzt: »Warum machst Du das?« »Bist du fromm geworden?« »Wie passt das zu Dir?«
- Die Taufe ist ein in hohem Maße selbstbestimmter, hoch reflektierter, individueller Akt, bei dem der Täufling mitwirkt und seine ästhetischen Vorstellungen verwirklichen kann.
- In der Liturgie gibt es kein »Schema F«, aber es gibt die Chance der reflektierten Kommunikation über den Sinn der zentralen Elemente des kirchlichen Tauf-»Ritus«.
- Der Pfarrer ist der »spirituelle Fachmann«, besser noch: der »Mystagoge«, der mich einweist auf einen Weg, der mir die spirituellen und anderen Geheimnisse des christlichen Glaubens erschließt.
- Die Kirche als Ort des Tauf-Gottesdienstes ist darum etwas Drittes zwischen dem traditionellen Gottesdienstraum einerseits und dem Un-Ort, den sie für expeditive Mentalität darstellt. Sie wird zum Ort, zur Gelegenheit der Verbindung und des Brückenbaus.

Ich lasse mich taufen, weil ich mich selbst überschreiten und neue Horizonte gewinnen will.

Dos and Don'ts – Das Werteprofil des expeditiven Milieus

Die Expeditiven tun sich schwer, wenn …

- »etwas schon immer so war« und der Eindruck entsteht, die Taufe wird routinemäßig und schablonenhaft durchgeführt,
- sie etwas langweilt,
- sie auf festgelegte, als dogmatisch empfundene Haltungen stoßen und die Bereitschaft vermissen, auch »out of the box« zu denken (z.B. hinsichtlich des Tauforts),
- ihre Gestaltungsideen und -ansprüche nicht adäquat berücksichtigt und sie auf eine Zuschauerposition reduziert werden.

Die Expeditiven freuen sich, wenn …

- die Tauffeier auf ihre spezifische mentale Haltung und individuelle Ästhetik besondere Rücksicht nimmt,
- sie etwas bewegen können, Neues ausprobieren, aktiv und kreativ sein können, aber auch, wenn sie herausgefordert werden,
- ihnen in der Taufvorbereitung und im Gottesdienst die Grenzen überschreitende Dimension der Taufe deutlich und erfahrbar wird,
- die Taufe als Höhepunkt eines geistlichen Prozesses formatiert wird, als Ziel eines Weges, als Tor, durch das hindurch sich spirituelle Erfahrungen erschließen,
- sie auf Qualität treffen,
- »ihre« Tauffeier etwas Avantgardistisches an sich hat und sie anderen einen Schritt voraus sind,
- es gelingt, ihre negativen Vor-Erwartungen der Kirche und dem christlichen Glauben gegenüber zu enttäuschen.

Theologische Anknüpfung

- Taufe hat in ihrer ursprünglichen, frühchristlichen Gestalt einen Kontext und eine Semantik, für die sich Überschneidungsflächen mit den Interessen, Anliegen und der Lebensweltlogik von »Expeditiven« finden lassen (unkonventionell, unbürgerlich).

  Klaus Haacker, »Taufe verstehen – im Urchristentum und heute«, in: *Kirche – Kontinuität und Wandel* (hg. von Christian Homann), Waltrop 1994, 29–44.

- Die Taufe ist ein Übergang, die individuell erfahrene Rettung durch die Chaosmächte hindurch (1Kor 10,1–2; 1Petr 3,20–21).

- In der Taufe verdichtet sich die Erfahrung des Übergangs, sie versinnbildlicht das Hinübergehen in eine neue Lebenssituation, das Erschließen neuer Lebenswirklichkeit.

»Evangelische Provokationen«

- Das Evangelium ist nicht nur Angebot, sondern auch Gebot. Es ist nicht nur Option, sondern auch Konkretion: Ruf in eine konkrete Nachfolge hinein.
- Das Evangelium ruft individuell, aber es beruft in eine Gemeinschaft.
- Die Taufe ist nicht ein Event, nicht eine Erfahrung neben anderen, die das »Ich« erweitern. In der Taufe erschließt sich der »ganz Andere« als »Du«.
- »*Gott* als Geheimnis der Welt«.

Die Taufe

Taufvorbereitung

Annäherungen

- Kirche als heiliger Raum

  Der Täufling wird eingeladen, mit der Pfarrerin im Vorfeld der Taufe verschiedene Kirchengebäude anzusehen und ihre jeweilige geistliche Ausstrahlung zu erspüren. Er kann wählen, wo er getauft werden möchte. Der geistliche Reichtum der Kirche verbindet sich so mit der Optionenlogik der Expeditiven. PER

- Konfirmandentag in einem Schwimmbad

  (bei Taufe im Konfirmandenalter)

  In einer Wasser-Ralley werden die verschiedenen Dimensionen des Wassers verdeutlicht. Im Anschluss findet die Taufe einiger Konfirmanden statt mit deutenden Worten zum Erlebten.

  Thomas Knippenberg, in: Peter Barz und Bernd Schlüter (Hg.), *Werkbuch Taufe*, 178–180 HED, PRA

Taufgespräch

- Rahmen und Charakter
  - Die »Location« des Taufgesprächs sollte mit der Lebenswelt des Täuflings kompatibel sein; das Treffen darf gerne auch zu später Stunde stattfinden.
  - Das Gespräch gestaltet sich experimentierfreudig und ergebnisoffen, nicht dogmatisch und »lernzielorientiert«.
  - Eine klare Struktur ist weniger wichtig als Authentizität und innere Beteiligung der Gesprächspartner. Möglicherweise bieten sich mehrere Begegnungen an, bei dem auch Freunde des Täuflings anwesend sind.
  - Expeditive sind offen für variable Arbeits- und Sozialformen: Rollenspiele, Erfahrungsaustausch, Brainstorming, Entwicklung von Bodenbildern, Körperübungen usw.

- Themen des Gesprächs
  - Vorbereitung des Taufgottesdienstes unter Einbeziehung des sozialen Umfelds, der Freunde und des Netzwerks; gemeinsame Auswahl von Liedern und Texten
  - Taufe als Grenzüberschreitung

    Der Täufling sucht bzw. formuliert selbst Geschichten des Durchzugs, des Exodus, des Neuanfangs und der »Wiedergeburt«. Die Erfahrungen, Erwartungen und Wünsche des Täuflings werden im Licht dieser Zeugnisse besprochen.
  - Hinweise auf die Frage, was geistliches Leben ist: »Was gehört dazu?« »Wodurch kann man es verfehlen?«
  - die Ursprungssemantik der Taufe (Dimensionen der Taufe im frühen Christentum)

Taufseminar

- Einübung ins Christentum

  Eine Einführung in spezifische spirituelle Praktiken des christlichen Glaubens: Fasten (Askese), um die Wahrnehmungsfähigkeit zu stärken; Stille, (geführtes) Gebet, Schriftmeditation (Psalter-Lesungen), bei entsprechender Vorbereitung auch Beichte und Absolution.
- »Expedition zum ICH – In 40 Tagen durch die Bibel«

  Der Glaubenskurs dient als Ausgangspunkt bzw. als »Steinbruch« für ein Taufseminar, das am besten von einem Expeditiven gestaltetet wird und auf die Lebensweltlogik der Expeditiven angepasst werden muss.

  AMD (Hg.), *Erwachsen glauben*, 141–146

  www.expedition-zum-ich.de

Der Taufgottesdienst

Rahmen, Ort und Zeit

Aufgrund der mangelnden Vertrautheit mit den kirchlichen Vollzügen vor Ort findet die Taufe nicht in einem Gemeindegottesdienst statt. Täufling wie Freunde werden hier nur fremdeln, und umgekehrt würden die vorbereiteten Elemente bei den Besuchern des Sonntagsgottesdienstes ebenfalls nur auf Befremden stoßen.

- Taufe an unkonventionellen Orten und zu besonderen Zeiten (z.B. nachts in der Krypta)
- Gottesdienstformen mit besonderer sinnlich-mystischer, anregender Atmosphäre (z.B. Osternacht, Thomasmesse)

Tonalität des Gottesdienstes

- Sprache und Gestus sind unaufdringlich und unprätentiös, bedacht, individuell und authentisch gelassen. Einzelnes darf auch mit einer gewissen Üppigkeit inszeniert werden.

- Das Gepräge des Gottesdienstes lässt nichts von traditioneller Bürgerlichkeit oder Mainstreamorientierung erkennen. Er hebt ganz bewusst auf Freunde und Vernetzte als seine Adressaten ab.
- Über die unverzichtbaren Elemente einer Taufe hinaus enthält die Feier eine höchst individuelle und bewusst getroffene Auswahl an liturgischen Elementen, darunter auch interaktive Gestaltungsformen und spontane improvisatorische Stücke.

Liturgie

- milieuspezifische liturgische Elemente
  - Schweigezeit in der Mitte des Gottesdienstes, in die hinein das Wort des Evangeliums ergeht
  - geleitete Stille – es wird nicht geredet, aber viel gesagt!
  - Texte, die einen »evangelischen« Zugang zu mystischen Traditionen eröffnen

    Friso Melzer, »Begegnung oder Versenkung?«, *Theologische Beiträge* 11 (1980), 40–44.
- Beteiligungsmöglichkeiten
  - ein Wort des Täuflings zur Frage, warum er sich taufen lässt und welche Erfahrungen diesem Wunsch vorangegangen sind
  - »My Credo«

    Ein artikulationsstarker und -williger Täufling stellt seinen persönlichen Zugang zur christlichen »Wahrheit«, zu einem Aspekt des Glaubensbekenntnisses, wie sie sich ihm aktuell erschließen, dar, evtl. in dialogischer Form mit Personen aus seinem Netzwerk.
  - »Tauf-Tweets«

    Die virtuelle »Netz-Gemeinde« nimmt – arrangiert durch Freunde des Täuflings – via Twitter am Ereignis teil.

Lieder

Das traditionelle kirchliche Liedgut ist unbekannt, öffentliches Singen wirkt befremdlich. Dennoch spielt Musik eine zentrale Rolle im Leben der Expeditiven, auch als spiritueller Erfahrungsraum.

- derzeitiger Lieblingssong (als Impuls für eine Reflexion über das Lebensgefühl und die Message des Liedes)
- Gregorianik
- Christian Psychedelic Rock
- Jazz
- Auszüge aus der Messe »African Sanctus« von David Fanshawe

  Experimentelle Verschränkung der lateinischen Messe mit Liveaufnahmen traditioneller afrikanischer Musik (aus Ägypten, dem Sudan, Uganda und Kenia).

Textbausteine für die Taufansprache

Im Mittelpunkt des Gottesdienstes steht weniger eine Metatheorie über die Taufe, vielmehr soll Taufe selber erfahrbar werden. Nicht ein Monolog des Geistlichen dominiert, sondern ein Ensemble von Zeugnissen, inmitten derer der Pfarrer das Evangelium vereindeutigt und gezielt als Wortzeichen zuspricht. Die Taufverkündigung selbst wird »minimalistisch« gehalten.

Grenzüberschreitungen

Ich weiß nicht so recht, ob Du wirklich weißt, worauf Du Dich mit dieser Taufe einlässt. Für Warnungen ist es jetzt auch schon fast ein wenig spät. Immerhin haben wir ja ein Stück weit im Vorfeld auszuloten versucht, was an neuen Erfahrungen und Umwälzungen auf Dich zukommt, wenn Du nicht über den Jordan, aber durch den Jordan gegangen bist. Als die Israeliten ihr neues »gelobtes« Land einnahmen, mussten sie mitten durch den Jordan, durch diesen manchmal reißenden und gefährlichen Fluss. Und genau an diesem Jordan stellte sich Johannes der Täufer auf, der Vorläufer Jesu. Die Christen haben die Taufe ja nicht erfunden. Sie nahmen sich Johannes den Täufer zum Vorbild, den Propheten mit Kamelhaargewand, Asket, Visionär, Rebell – und kein kirchlich angepasster und orthodoxer Theologe. Er hatte damals die etablierte Gesellschaft ziemlich verunsichert, und sie hat ihn das dann auch büßen, sogar mit seinem Leben bezahlen lassen. Johannes inszeniert die Taufe als Grenzerfahrung, an der Grenze zum gelobten Land, nach der Wüstenwanderung und mit der Botschaft: Bevor Du endlich neu, anders, erfüllt leben darfst, musst Du durch dieses Wasser hindurch. Jesus und das frühe Christentum knüpfen an diese Symbolik an.

Taufe, getauft werden, heißt: Ich gehe unter; ich mache einen Schnitt, ich führe mein altes Leben nicht weiter; dieses Leben ist vorbei. In der Sprache der Bibel: Ich sterbe!

Taufe, sich taufen lassen heißt dann aber auch: Ich tauche auf, ich komme hindurch, ich gehe auf ein neues, ganz anderes Leben zu. Ich komme an in dem Land, das Gott mir zugesagt und vor Augen gestellt hat: ein Leben mit ihm, im Gegenüber zu ihm.

Taufe ist alles andere als ein harmloser Vorgang: Man kann in der Strömung auch untergehen; Wasser ist immer beides: Quelle des Lebens und elementare Bedrohung des Lebens. Leben ist nicht ohne Grenzerfahrung, Grenzüberschreitungen zu haben. Wirkliches Leben.

Taufe hat dabei eine ganz einfache Botschaft: Du musst Dein Leben ändern, wenn Du es nicht verlieren willst. Wenn es mehr sein soll als ein maybe, wenn es sich nicht verlieren soll in einer Optionenvielfalt, die ja nett ist, aber in ihrer Unverbindlichkeit doch unbefriedigt lässt. Die Herausforderung, die Dich hier erwartet, darfst Du freilich nicht unterschätzen. Nicht Optionenvielfalt ist die Botschaft, sondern die eine Option. Das ist eine wahnsinnige Verengung, eine unglaubliche Konzentration. Das ist auch gefährlich. Lieber im Unverbindlichen bleiben. Sich lieber alle Optionen offenhalten. Nur nicht festlegen. Klar, das ist der sichere Weg. Aber führt er zu einem Leben, das sich wirklich lohnt? Kann man so leben, oder bleibt man so immer nur auf der Metaebene, der Zuschauerebene, in vorsichtiger, natürlich neugieriger Distanz, unwillig und irgendwann auch unfähig zum Engagement?

In unseren Gesprächen sagtest Du mir, Du weißt genug, um dein Leben auf diese Karte zu setzen. Du bist neugierig geworden, etwas ist in Dir entzündet, was nicht mehr aufhört zu brennen. Wir haben auch darüber gesprochen und ich darf das mit deinem

Einverständnis erwähnen: Es ist die unglaubliche, alle Grenzen und Zäune niederreißende Art und Weise, wie Jesus Menschen begegnet, in dieser einzigartigen Mischung aus Anspruch und Zuwendung ohne jede Bedingung, Geltungsanspruch und unglaublicher Toleranz, Respekt, einer Haltung, die den Anderen freilässt und freigibt, ihn nicht vereinnahmt. Du bist – wie sehr viele Menschen in der Kirche und auch außerhalb von ihr – fasziniert von Jesus. Du möchtest von ihm mehr erfahren, und Du hast die Erwartung, dass die Kirche ein Ort ist, an dem man ihm begegnen kann.

Mit dieser Taufe gehst Du durch ein Tor; gehst Du hinüber. Aber deine geistliche Reise ist noch lange nicht zu Ende. Sie fängt ja dann eigentlich erst richtig an. Du wirst immer neue Herausforderungen zu bewältigen haben. Wir sind heute hier, um Dir zu sagen: Wir begleiten Dich auf deiner geistlichen Reise. Wir sind Deine Gefährten. Und wir bitten um das Geleit Gottes auf dieser Reise.

- Weitere Ideen
  - Christus als Geheimnis

    Jesus Christus ist das spirituelle Geheimnis, das es zu entdecken und mit dem eigenen Leben zu erschließen gilt. Er ist keine dogmatische Größe, sondern Begleiter auf der Fahrt und durch die Furten des Lebens.
  - »Taufe« als Metapher für den Rettungsvorgang des Exodus (1Kor 10,1–2)
  - Rettung der Familie Noahs »durchs Wasser hindurch« (1Petr 3,20–21)

Weiterführung

Die Integration in eine »Kirchengemeinde«, die nie die des Täuflings war und kaum seine werden wird, sollte nicht illusionär angestrebt werden. Aus diesem Grund sind persönliche Kontakte und Begegnungen sowie Hinweise auf dem Milieu entsprechende Veranstaltungen besonders wichtig.

- »spiritueller Rucksack«

  Am Ende des Gottesdienstes wird dem Täufling ein »spiritueller Rucksack« überreicht mit »Tools« für die geistliche Reise. Er ist gefüllt mit den »Geistlichen Exerzitien« von Ignatius von Loyola, Schriften von Meister Eckhard, einer CD mit Vertonungen von Liedern Paul Gerhardts, dem Johannes-Evangelium usw.
- Kontaktpflege über soziale Netzwerke
- Veranstaltungen
  - übergemeindliches Angebot: »Geistliche Reisen. Spirituelle Quellen des christlichen Glaubens – aus 2000 Jahren für heute entdeckt«
  - Einladung zu einem Wochenende in einem Kloster (evtl. als Taufgeschenk der Freunde)

c) Taufe in den Milieus der Mitte

1. Milieu der Bürgerlichen Mitte

Ich lebe mit meiner Frau und meinen Kindern Christina und Kevin in einer Kleinstadt in einem Reihenendhaus. Meine Frau geht wieder arbeiten, weil die Kinder jetzt mit 14 und 17 groß genug sind. Das bekommt der Haushaltskasse ganz gut, weil die Abzahlungen vom Haus vorher einiges an Einschränkungen mit sich gebracht hatten. Und auch jetzt weiß man ja nicht, inwiefern der Job und das Geld sicher sind ... Dennoch gibt es jetzt wieder mehr Spielraum, sich auch mal außer der Reihe etwas zu gönnen, ein Konzert von Maffay oder sogar den Stones zu besuchen oder einfach mal essen zu gehen. Die Familie ist mein »Ein und Alles«. Hier muss es stimmen. Ich merke sofort, wenn eins der Kinder mit Problemen aus der Schule heimkommt. Für meine Christine und den Kevin mache ich alles! Ich will meinen Kindern eine gute Zukunft bieten! – Früher bin ich übrigens gerne zu den Gottesdiensten der Krabbelgruppe gegangen. Das tat uns allen gut. Damals – als die Kinder eben klein waren. Kirche ist schon gut für die Gesellschaft. Sie bringt Beständigkeit in die rotierende Welt – in diese Welt mit all ihren Fragen und Unsicherheiten. Irgendwie sollte Kirche so sein wie wir: bodenständig, gesellig, lebensfroh! Übrigens, dass wir unsere Kinder taufen lassen, war eigentlich immer schon klar. Und zwar als Säuglinge! Nicht so, wie es in Christinas Konfirmandengruppe derzeit wieder der Fall ist, wo sich einige Teenies jetzt erst taufen lassen. Ich bin froh, dass wir hier den normalen Weg gegangen sind.

Das Milieu 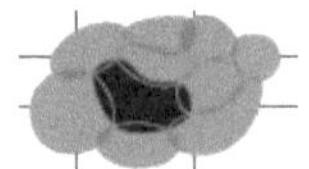

Kurzcharakteristik

Menschen, die der Bürgerlichen Mitte zugeordnet werden,

- pflegen einen modern-bürgerlichen Lebensstil,
- wünschen sich Wärme, Geborgenheit und eine hohe Lebensqualität in gesicherten, harmonischen Verhältnissen,
- streben nach einer ausgeglichenen Work-Life-Balance,
- sehen die Familie als Lebensmittelpunkt (verlässliche Partnerbeziehung, klassische Rollenverteilungen, Bildung der Kinder als Zukunftssicherung),
- legen Wert auf geordnete gesellschaftliche Verhältnisse und orientieren sich dabei primär am Status quo,
- beteiligen sich aktiv am gesellschaftlichen Leben,
- grenzen sich zu den unteren Gesellschaftsschichten und den sozialen Randgruppen ab,

- verfügen über qualifizierte mittlere Bildungsabschlüsse, selten über eine akademische Ausbildung.

14% der Bevölkerung, Tendenz sinkend
Altersdurchschnitt 52 Jahre

Lieder der Bürgerlichen Mitte

- Abba, »Mamma Mia«
- Herbert Grönemeyer, »Demo (letzter Tag)«
- Bryan Adams, »Summer of '69«
- Pur, »Irgendwo«
- Peter Maffay, »Die Liebe bleibt«

Taufe und Bürgerliche Mitte

- Die Taufe ist ein Fest, das in und mit der Familie gefeiert wird.
- Der Taufgottesdienst ist Teil eines familiären Großereignisses, dessen Ausgestaltung auf die Bedürfnisse der Tauffamilie Rücksicht nimmt.
- Die Liturgie bezieht die Tauffamilie und ihre Freunde mit ein.
- Die Kirche ist eine Institution, die sich für Familien stark macht und selbst familiären Charakter hat.
- Der Pfarrer ist »Animateur«, der seiner Klientel etwas bietet.

Unser Kind wird getauft.

Dos and Don'ts – Das Werteprofil der Bürgerlichen Mitte

Die Bürgerliche Mitte tut sich schwer, wenn …

- die Tauffeier entweder nachlässig und ungeordnet oder aber hölzern und spießig gestaltet wird,
- nicht sichtbar auf den familiären Charakter der Feier eingegangen wird,
- der Rückgriff auf die Tradition und auf die örtlichen Gepflogenheiten zu kurz kommen,
- der Eindruck eines allzu routinierten Vollzugs entsteht und der individuelle Akzent fehlt.

Die Bürgerliche Mitte freut sich, wenn …

- die Taufe als Teil eines Familienfestes gestaltet wird, d.h. kindgerecht und familienfreundlich,
- eine individuelle Zuspitzung erkennbar ist, gerade in einem Gottesdienst mit mehreren Taufen (d.h. die Pfarrerin zeigt in ihren Worten und ihrem Verhalten, dass sie beim Taufgespräch »aufgepasst« hat und um die familiäre Situation weiß, in die das Kind hineingeboren wurde),

- Beteiligungsmöglichkeiten für Freunde und Familienmitglieder angeboten werden (Gebete, Schriftlesung, Rituale),
- die individuellen Wünsche hinsichtlich der Gestaltung und des Formats berücksichtigt werden.

Theologische Anknüpfung

- Mit der Taufe wird der Eintritt in die Gemeinschaft der Glaubenden, in die Familie Gottes gefeiert.
- Die Taufe vermittelt das Bewusstsein, etwas »Größerem« anzugehören.
- In der Taufe wird das Kind aus Gottes Hand angenommen und seiner schützenden Begleitung anvertraut.
- Die Taufe beginnt einen Weg und realisiert sich im Ganzen der menschlichen Lebensgeschichte; u.a. haben die kirchlichen Bildungsangebote die Aufgabe, aus dem Anfang der Taufe eine Geschichte des Glaubens entstehen zu lassen.
- Die traditionelle Taufliturgie strahlt Würde und Ordnung aus; sie überdauert den stetigen Wandel und schafft Konstanz.
- Die Taufe wird am *einzelnen* Menschen vollzogen, der somit als Individuum in den Blick tritt.

»Evangelische Provokationen«

- Die Taufe ist mehr als die Zugehörigkeit zu einer sichtbaren Gemeinschaft, insofern jeder Einzelne durch die Taufe mit Jesus Christus verbunden ist.
- Der integrative Charakter der Taufe, die Gemeinschaft der Getauften als »Leib Christi« öffnet die Augen für Menschen an den Rändern der Gesellschaft – die *familia dei* ist größer als die bürgerliche Kernfamilie.
- Jesus wird als der »wilde Messias« dargestellt, der sich nicht in bürgerliche gesellschaftliche Konventionen einpassen lässt.
- Der Wunsch nach Komfort und die Wellness-Orientierung kann kritisch-produktiv aufgenommen werden.
  »Denn die Glaubenden wissen: weil Gott für unser *Heil* genug getan hat, können wir für das *Wohl* der Welt nicht genug tun.« (Eberhard Jüngel, *Das Evangelium von der Rechtfertigung des Gottlosen als Zentrum des christlichen Glaubens*, Tübingen [6]2011, 220)
- Das Streben nach Beständigkeit, Ordnung und Harmonie lässt die Kehrseite dessen als schmerzhaftes Scheitern erleben. In solchen Situationen können die »Rechtfertigung ohne Werke« und Gottes Liebe zu den »Verlorenen« laut werden.
- Die zunehmende Verunsicherung, ob das beruflich und sozial Erreichte gehalten werden kann, und die damit verbundenen »Abstiegsängste« werden mit der empfangenen »Taufgnade« ins Gespräch gebracht.

Die Taufe 

Taufvorbereitung

Annäherungen

- »Der besondere Taufbrief«

  Der Brief, der zur Taufeinladung verschickt wird, kann nur gelesen werden, wenn man ihn unter Wasser hält.

  www.geistreich.de TRA, PRE, HED

- Kinderkirchentag: »Platsch, vom Regen in die Taufe« (bei Taufe im Vorschulalter)

  Elemente: Trickfilm »Platsch, vom Regen in die Taufe«; Anspiel; Stationen (u.a. Wassertransport, Riesenseifenblasen, Wassergeräusch-Rätsel, Orgelführung und Boomsticks im Einsatz, Erzählecke zu Mk 10, Kirchenquiz, Platsch malt Wassertropfen auf Wange, Fische formen und schwimmen lassen); Film in der Streichholzschachtel

  Judith Augustin u.a., in: Judith Augustin und Heinz Behrends (Hg.), *Taufe und Tauferinnerung*, 47–53 KET, TRA, SÖK

Taufgespräch

- Rahmen und Charakter
  - Das Taufgespräch findet im familiären Setting im Haus der Tauffamilie statt, möglichst zusammen mit den Paten, vielleicht auch mit den Großeltern.
- Themen des Gesprächs
  - der Verlauf der Geburt (Dankbarkeit und Staunen, aber auch Ohnmachtsgefühle und Einsicht in die Fragilität des Lebens)
  - persönliche Erfahrungen mit der Taufe; Erinnerungen an frühere Taufen in der Familie
  - Rückfrage nach dem Namen des Kindes
  - Taufsymbole
  - detaillierter Gang durch die Liturgie (um Sicherheit zu vermitteln)
  - Hinweise auf kirchliche Angebote im Blick auf die »christliche Erziehung« (z.B. Religionsunterricht, Kindergottesdienst, Jungschar)

Taufseminar

- Familienhalbtag

  Ein halber Tag für die ganze Familie an einem Samstag mit Kirchenführung, erfahrungsbezogener Heranführung an die Taufsymbolik, Taufmemory, Basteln einer Taufkerze und gemeinsamem Essen.

  Taufkerzenset www.mit-kindern-neu-anfangen.de/materiallen.html

  Material aus Judith Augustin und Heinz Behrends (Hg.), *Taufe und Tauferinnerung*, v.a. 36–38 + DVD (»Wanderausstellung für alle Sinne: ›Mit allen Wassern gewaschen‹«) PRE

- Glaubenskurs »Spur8«

  AMD (Hg.), *Erwachsen glauben*, 158–164

  www.spur8.de

Der Taufgottesdienst

Rahmen, Ort und Zeit

Die Taufe findet im Hauptgottesdienst oder aber in einem familienfreundlichen Sondergottesdienst (z.B. Kinder- oder Krabbelgottesdienst, Familiengottesdienst) statt.

- Gestaltung des Taufgottesdienstes unter Beteiligung des Kindergartens oder der Kinderkirche
- »Mit Gott groß werden«

  Taufe in der evangelischen Kindertageseinrichtung mit anschließendem gemeinsamem Fest

  Markus Potten, in: Peter Barz und Bernd Schlüter (Hg.), *Werkbuch Taufe*, 113–115

  PRE

Tonalität des Gottesdienstes

- Der Gottesdienst ist geprägt durch eine festliche, familiäre und fröhliche Grundstimmung, durch eine »Wohlfühlatmosphäre«, die Nähe ausstrahlt und in der sich alle zuhause fühlen können. Überraschungen, die die Balance stören könnten, werden vermieden.
- Die an der Liturgie Beteiligten bemühen sich um eine anschauliche, bildhafte Sprache und um gut nachvollziehbare Gedankengänge.
- Im Gottesdienst muss beides spürbar sein: ein lebensnaher, herzlicher, persönlicher Zug auf der einen Seite und ein würdevolles und repräsentatives Moment auf der anderen Seite.

Liturgie

- milieuspezifische liturgische Elemente
  - Taufwasser

    Beim Eingießen des Taufwassers werden dem Kind Segenswünsche zugesprochen.

    Frank Maibaum, *Das Taufbuch*, 69–72 KET, TRA
  - »Präsentation« des Kindes

    Nach dem Vollzug der Taufe wird das Kind (vom Pfarrer oder von einer Angehörigen) hochgehalten und der Gemeinde als ihr neues Glied »präsentiert«. PRE
  - Selbstverpflichtung der Paten

    Frank Maibaum, *Das Taufbuch*, 13f. SÖK, PRA
  - Segnung der Eltern bzw. der ganzen Familie

    Wichtig sind dabei eine starke liturgische Präsenz, eine große Gestik, der auswendig zugesprochene Segen und eine ausführliche Vorbereitung in den Vorgesprächen. SÖK, PRE

    Dietmar Gördel, Bettina Schweikle und Dagmar Rosenberg, in: Peter Barz und Bernd Schlüter (Hg.), *Werkbuch Taufe*, 227–229

- Pantomime: »Was man mit Wasser manchen kann«
- kindgerecht erzählte biblische Geschichte, z.B. »Mose wird aus dem Wasser gezogen« (Ex 2,1–10)
- Aktion: »Du gehörst dazu«

  Das Kind wird durch die Taufe Teil einer Gemeinschaft. Das kann durch eine Aktion sinnenfällig dargestellt werden, z.B. durch den Bau einer Kirche aus Lego-Steinen, zu der nach der Taufe der »Stein des Kindes« hinzugefügt wird, durch das Anketten von Zugwagons an die »Jesus-Lok«, zu der wiederum der Waggon des Täuflings nach der Taufe hinzugefügt wird, oder durch das Ausschneiden von kleinen Fischen, die in einen großen Fisch gelegt werden.

- Beteiligungsmöglichkeiten
  - Einzug der Taufgesellschaft

    Die ganze Tauffamilie zieht zusammen mit dem Pfarrer in die Kirche ein. Die Kinder bringen die Taufkanne, die Taufkerze und das Taufkleid zum Altar.

  - Schriftlesung (z.B. Kinderevangelium), ein Text zur Taufkerze, ein Gedicht, ein selbstformuliertes Fürbittgebet durch die Paten
  - Liedvortrag durch eine »Familien-Combo«
  - Eingießen des Taufwassers durch ein Geschwisterkind
  - Einladung an alle anwesenden Kinder, sich während der Taufe um den Taufstein zu versammeln

Lieder

- »Gott, der du alles Leben schufst« (EG 211)
- »Ins Wasser fällt ein Stein« (EG/Wü 637)
- »Leben aus der Quelle, Leben nur aus dir«
- »Vergiss es nie, dass du lebst«

Textbausteine für die Taufansprache

Der Name

Unser Name spielt eine besondere Rolle. Die Wahl eines Vornamens für ihr Kind ist für die meisten werdenden Eltern eine schwierige und langwierige Entscheidung. Sie wälzen Bücher, schreiben lange Listen, beraten sich mit Freunden und Angehörigen. Bei der Namenssuche für ihre ungeborenen Kinder spielen vor allem drei Kriterien eine Rolle. Experten haben herausgefunden: Der Name soll einen schönen Klang haben, keinen Anlass zu Hänseleien geben und für jedes Lebensalter passen. Der Name ist wichtig, er ist mehr als Schall und Rauch! Deshalb dürfen Kinder in Deutschland nicht nach Gebrauchsgegenständen wie etwa einem Staubsauger benannt werden. Er darf auch nicht beleidigend oder lächerlich sein.

Unsere Namen haben eine Bedeutung – und ich finde, da haben Sie einen besonders schönen Namen für Ihre Tochter ausgesucht. Anina kommt wohl von Anna oder Hanna und als Übersetzung habe ich gefunden: »Gott war gnädig«. Das passt auch gut zum Taufspruch, den Sie für Anina gewählt haben: »So spricht der HERR, der dich geschaffen hat: Fürchte dich nicht, denn ich habe dich erlöst; ich habe dich bei deinem Namen gerufen; du bist mein!« (Jes 43,1) Gott ist ja der eigentliche Namensexperte! Er kennt Anina ganz persönlich, er ruft sie bei ihrem Namen und er antwortet auf ihre Gebete. Unsere Namen in Gottes Mund – das ist so ziemlich das größte, was wir uns denken können. Wir liegen ihm am Herzen, wir sind ihm ganz wichtig. Das feiern wir heute mit der Taufe: Dass der große Gott die kleine Anina ins Leben geliebt und ganz wunderbar gemacht hat. Sie gehört zu ihm!

Mit dem Nachnamen ist erkenntlich, zu welcher Familie ein Mensch gehört. Wenn wir Anina nun auf den Namen Gottes des Vaters, des Sohnes und des Heiligen Geistes taufen, dann bringen wir damit zum Ausdruck, dass sie nicht nur zur Familie Fischer gehört, sondern zu einer viel größeren Familie. Die Kleine gehört zu Gottes Familie und hat damit viele neue Geschwister. Eure Aufgabe als Gemeinde (an die Gemeinde gewandt) und besonders eure (an die Paten gewandt) als Vertreter der Gemeinde ist es, Anina ein Zuhause zu bieten. Nehmt sie mit in das Gemeindeleben hinein, vermittelt ihr ein Urvertrauen in Gottes Gnade und Güte und zeigt ihr als Vorbild, was es bedeutet, als Christin zu leben. Denn Jesus hat einmal gesagt: »Wer den Willen tut meines Vaters im Himmel, der ist mir Bruder und Schwester und Mutter.« (Mt 12,50)

- Weitere Ideen
  - Beispiele aus der Lebens- und Arbeitswelt: »Das Leben und der Glaube als Baustelle«, »die Gesundheit des äußeren und inneren Menschen« usw.
  - »Regenbogen« (zu Gen 26,24)

    Rolf Heinrich, in: Erhard Domay (Hg.), *Arbeitsbuch Kasualien*, 9.
  - Thema »Fest« (vgl. Lk 15,7), »Schatz« (Mt 13,44)
  - Jesus als Kinderfreund (Mk 10)

Weiterführung

Menschen der Bürgerlichen Mitte lassen sich gerne zu kirchlichen Veranstaltungen einladen und schätzen gemeinsamschaftliche Aktionen und Projekte. Kirche ist ein Stück »Heimat«.

- Besuch an den Tauftagen (Besuchsdienst)

  9 Tauftagsbriefe vom 1. bis zum 9. Tauftag

  www.mit-kindern-neu-anfangen.de/materialien.html
- ehrenamtliche Mitarbeit

  Väter und Mütter der Bürgerlichen Mitte engagieren sich gerne für ihre Kinder und können um ihre praktische Unterstützung gebeten werden, z.B. Hilfe beim Bau eines Spielplatzes auf dem Kirchengelände, Mitarbeit beim Konfirmandenmodell KU 3/8.
- Veranstaltungen
  - Kirchencafé
  - Familiengottesdienste mit Tauferinnerung
  - »Goldene Konfirmation« als Tauferinnerung
  - Fortführung des Taufseminars als »Familienseminar« zu Themen rund um Familie und Kindererziehung

2. Adaptiv-pragmatisches Milieu

Ich halte mich für einen sehr offenen Menschen. Besonders im Bereich der Medien und der Technologie. Ich gehe mit dem Trend und mache ihn mir zueigen. Mit altbackenen Werten und Stilen kann ich nichts anfangen, aber ich spüre, dass ich trotzdem ein großes Interesse an einem harmonischen und funktionierenden Umfeld habe. Ich will »geerdet sein«, das ist vielleicht der richtige Ausdruck. Das wünsche ich auch unseren beiden Kindern – drei und fünf Jahre alt –, dieses Gefühl, ein Zuhause zu haben. Deshalb schicken wir sie auch in die Jungschar unserer Kirchengemeinde. Auch wenn es dort manchmal sehr altmodisch zugeht und wir auch mit manchen Predigten nicht viel anfangen können – die Leute dort sind herzlich und offen. Dort ist auch üblich, die Babys nach etwa drei Monaten zu taufen; diese Praxis haben wir für unsere Kinder bewusst übernommen.

Uns ist natürlich auch wichtig, dass die Kinder nicht hinterm Mond leben, und deshalb erziehen wir sie bewusst im Umgang mit Medien, Computer und iPod. Ich selbst bin ja auch ein »digital native«, wie man so schön sagt. Ich habe die ganzen Entwicklungen rund um die neuen Medien mitverfolgt und könnte mir ein Leben ohne mein Smartphone nicht mehr vorstellen. Die Apps sind unwahrscheinlich praktisch. Das heißt aber nicht, dass ich nur in einer virtuellen Welt lebe. Mir ist es wichtig, nicht die Bodenhaftung zu verlieren – so ein exaltiertes und durchgeknalltes Gehabe ist nicht mein Ding. Ich weiß, woher ich komme und wohin ich gehen will. Für uns ist mittlerweile die Familienplanung abgeschlossen, so dass ich wieder Vollzeit arbeiten kann. Die Kinder sind ja jetzt ganztags im Kindergarten. Wir freuen uns, dass wir finanziell auf der sicheren Seite sind und uns hin und wieder etwas gönnen können. Was die Zukunft angeht, will ich sie nicht nur erwarten, sondern bewusst gestalten!

Das Milieu

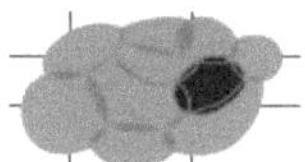

Kurzcharakteristik

Menschen, die dem adaptiv-pragmatischen Milieu zugeordnet werden,

- sind einerseits pragmatisch, zielstrebig, konsum- und leistungsorientiert, andererseits auf der Suche nach Geborgenheit, Anerkennung, Halt und Orientierung,
- suchen nach einer pragmatischen Balance zwischen Flexibilität und Verlässlichkeit, Weltoffenheit und Bodenhaftung, beruflichem Erfolg und familiärer Bindung, Erlebnisorientierung und Sicherheitsbedürfnis,
- fragen nach dem konkreten Nutzen ihres Tuns (utilitaristische Ausrichtung),
- grenzen sich sowohl von angestaubten Werten und Moralvorstellungen als auch von übersteigerter und zur Schau gestellter Ungebundenheit und Freizügigkeit ab,

- verfügen über mittlere bis gehobene Bildungsabschlüsse bzw. Einkommen.

9 % der Bevölkerung
Altersdurchschnitt 36 Jahre (überdurchschnittlich viele Frauen)

Lieder des adaptiv-pragmatischen Milieus

- Lena, »Satellite«
- Reamonn, »Moments Like This«
- Die Fantastischen Vier, »Gebt uns ruhig die Schuld«
- Pink, »Funhouse«
- Black Eyed Peas, »I Gotta Feeling«
- Robbie Williams, »Bodies«

Taufe und adaptiv-pragmatisches Milieu

- Die Taufe muss ins Lebenskonzept und in die derzeitige Lebenssituation passen.
- Auch die Taufe ist ein »Konsumgut«: Multioptionalität, Frage nach dem Angebot (z.B. »ist es möglich, die Taufe in der Waldkapelle zu feiern?«), Setzen eigener Akzente (z.B. »wir würden gerne mit Jordanwasser taufen!«).
- In der Taufe erweist die Religion ihre Orientierungskraft, doch der Lebensbezug zum Religiösen bleibt in der Regel bedarfsorientiert, punktuell und unverbindlich.
- Die Kirche ist zunächst *eine* religiöse Option ohne Alleinstellungsmerkmal. Sie ermöglicht spirituelle Erfahrungen und weckt den »Sinn für das Unendliche« – aber das tun auch andere Religionen.
- Allerdings: Insofern die Taufe für das adaptiv-pragmatische Milieu ein traditionelles und eher »verstaubtes« Ritual darstellt, bedeutet das Taufbegehren eine bewusste Entscheidung und legt ein genuines Interesse an der spezifischen Bedeutung der christlichen Taufe nahe.
- Die Pfarrerin wird im Typ der »Mystikerin« wahrgenommen, die sich ihre religiöse Kompetenz durch die Praxis eigener Spiritualität aneignet.

Mir muss sich der Mehrwert der Taufe erschließen.

Dos and Don'ts – Das Werteprofil des adaptiv-pragmatischen Milieus

Die Adaptiv-Pragmatischen tun sich schwer, wenn ...

- ihnen die Kirche als verträumte und realitätsferne Weltverbesserin entgegentritt und das Gesagte ideologielastig und moralisch ist,
- die Tauffeier einen »altbackenen« und verstaubten Eindruck macht oder der rote Faden nicht erkennbar ist und die Liturgie verworren wirkt,
- sie sich bedrängt fühlen (z.B. hinsichtlich der Beteiligung an der Liturgie, aber auch hinsichtlich der »Message«),

- der »Unterhaltungswert« des Events zu kurz kommt,
- sich der Gottesdienst lediglich als Veranstaltung für »Hochkulturelle« entpuppt.

Die Adaptiv-Pragmatischen freuen sich, wenn …

- die Kirche sich weltoffen und fortschrittlich zeigt (auch im Blick auf Äußerliches, z.B. multimediale Präsentationen im Gottesdienst),
- von der Taufvorbereitung bis zur Durchführung der Tauffeier zielstrebig und geordnet gearbeitet wird und trotz dieser Zielstrebigkeit das Persönliche und Individuelle seinen Ort hat,
- sie vom Pfarrer bzw. von der Pfarrerin sicher durch das (möglicherweise unbekannte) Terrain der Liturgie geführt werden,
- der klassische Rahmen der Taufe mit kreativen, aber nicht »überdrehten« Elementen ausgestaltet wird,
- ihnen Offenheit hinsichtlich ihrer Gestaltungsideen signalisiert wird,
- der »ganze Mensch« an der Feier beteiligt ist (ganzheitliches Erlebnis): Symbole, Licht, Duft der Kerze, Geräusch des Wassers (beim Eingießen in die Taufschale),
- die lebenspraktische Relevanz von Taufe für Täufling und Tauffamilie deutlich wird.

Theologische Anknüpfung

- Die kirchliche Taufhandlung antwortet auf den Wunsch nach Halt und auf das Bedürfnis nach Zugehörigkeit.
- In der Taufe verbürgt Gott seine Verlässlichkeit und Treue, und zugleich ist sie Aufbruch und Neuanfang.
- Über die vielen Jahrhunderte hat sich die Form der Taufkasualie gewandelt und auf die jeweiligen Bedingungen eingestellt, und doch ist die Kernbedeutung der Taufe dieselbe geblieben.
- Die Taufe ist ein »Event« – und zwar »ein Geschehen anderer Ordnung, ein Geschehen nicht vom Menschen her, sondern von Gott her« (Dietrich Bonhoeffer), ein Geschehen in der »Kraft des Geistes«.
- Das Ereignis der Geburt hat eine spirituelle Dimension und sprengt den bisherigen Erfahrungshorizont.

»Evangelische Provokationen«

- Die Taufe ist ein Heraustreten aus einer pragmatischen Angepasstheit. Das »Heilige« wird manifest.
- Mit der Taufe wird das individuelle Nutzenkalkül gesprengt, sie ist mehr als eine Zugangserleichterung für die kirchlichen Dienstleistungen usw.
- Die Taufe wird jenseits und vor der eigenen »Leistung« gewährt.

- Die Geburt eines Kindes markiert einen Umbruch und zeigt zugleich die Brüchigkeit des Lebens auf; die eigenen Lebensmaximen werden hinterfragt (z.B.: »Wie komme ich schnell und sicher voran im Leben?«).
- Der Gottesdienst unterbricht den rasanten Alltag.
- Die Kirche ist nicht nur Dienstleisterin für den Moment, sondern ein Gegenüber, das ein Interesse an gegenseitiger Verlässlichkeit hat.

Die Taufe

Taufvorbereitung

Annäherungen

- Kinderbibelwoche »Taufe im Kindergarten«
  Dietmar Gördel, in: Peter Barz und Bernd Schlüter (Hg.), *Werkbuch Taufe*, 125–130
  www.geistreich.de — BÜM, TRA, PRE
- »Hauskreis auf Zeit«
  Ein befristetes Hauskreis-Angebot für Eltern, die erwägen, ihr Kind taufen zu lassen und solche, die ihre schon getauften Kinder gut begleiten wollen. Die konzeptionelle Beratung erfolgt durch die Pfarrerin, die Durchführung ist autonom.
  BÜM, SÖK

Taufgespräch

- Rahmen und Charakter
  - Als Ort des Taufgesprächs ist die Kirche als »spiritueller Raum« denkbar: Dort können die Taufsymbole experimentell zum Einsatz kommen oder das Taufgespräch in eine Miniliturgie eingebettet werden (z.B. wird eine Kerze für den Täufling entzündet). Alternativ kann das Gespräch etwa im Lieblingscafé der Tauffamilie stattfinden.
  - Das Gespräch versucht auf sensible Weise, die innere Motivation für das Taufbegehren zu erspüren. Kein Ausfragestil (z.B. »Warum lassen Sie ihr Kind taufen?«).
  - Im Vordergrund steht nicht das Formale (z.B. Anmeldeformulare) oder das theologisch »Richtige«, sondern die Offenheit für ein individuelles Gepräge der Tauffeier. Die Dinge werden nicht fertig vorgesetzt.
  - Adaptiv-Pragmatische sind grundsätzlich offen und flexibel und lassen sich gerne zu eigenen Gestaltungsvorschlägen und zur Beteiligung motivieren (Leitmotiv: »Mittendrin statt nur dabei«).
- Themen des Gesprächs
  - öffnende Fragen: »Welche Erfahrungen verbinden Sie mit unserer Kirche?« »Gibt es in Ihrer Biographie Erfahrungen, durch die die Taufe für Sie an Bedeutung gewonnen hat?« »Was hat sich durch die Geburt Ihres

Kindes in Ihrem Leben verändert?« »Wie würden Sie den Mehrwert der Taufe für sich beschreiben?«

- o eigene Erfahrungen mit der Taufe: »Wann waren Sie das letzte Mal bei einer Taufe dabei?« »Was haben Sie dabei empfunden?«
- o pragmatische Fragen: »Müssen beide Elternteile bzw. die Paten in der Kirche sein?« »Bekommt mein Kind automatisch einen Platz im evangelischen Kindergarten?«
- o Blick auf das sinnstiftende Moment und den »spirituellen Mehrwert« der Taufe
- o unkomplizierte Beteiligungsformen
- o die Symbolik und die Zeichenhandlungen der Taufe: Licht, Wasser, Kreuz, Name, Öl, Segen

  Handauflegung (Segen) als Tauferinnerung im Alltag: »Wird die Handauflegung im Taufritual, eventuell bereits im Geburtsvorbereitungskurs bzw. Taufvorgespräch eingeführt, eindrücklich inszeniert und homiletisch auf die alltägliche Zuwendung hin interpretiert, eröffnet sie eine gut praktizierbare Form der Tauferinnerung im Alltag.«

  Christian Grethlein, *Grundinformation Kasualien*, Göttingen 2007, 140
- o Chancen und Herausforderungen einer christlichen Kindererziehung
- o konkrete Hinweise und Tipps für den Alltag: Beten, Kinderbibel, kirchliche Feste usw.

Taufseminar

- »gelebte Spiritualität«

  Vermittlung von zentralen Glaubensinhalten auf eine kreative, interaktive Weise

  Einübung christlicher Praxis (auch z.B. – als Herausforderung – angeleitetes Singen mit dem Kantor)

  Erlebnisorientierung (Kirchenraumpädagogik, aber auch Exkursionen)

  Bibliodrama

  Einsatz neuer Medien und des Internets

  flexible Termine, evtl. Kinderbetreuung SÖK, PER
- »Emmaus«-Glaubenskurs

  AMD (Hg.), *Erwachsen glauben*, 136–140

  www.emmaus-dein-weg-mit-gott.de

Der Taufgottesdienst

Rahmen, Ort und Zeit

Der äußere Rahmen der Taufe spiegelt wider, dass die Kirche mehr zu bieten hat als das religiöse Standardprogramm. Das Format muss mit der Lebenssituation der Tauffamilie kompatibel sein.

- Tauffeier während besonderer kirchlicher Zeiten, Feste oder Ereignisse (z.B. zu den altkirchlichen Taufterminen Ostern/Osternacht und Epiphanias oder innerhalb eines Stundengebetes, am Altjahresabend, am Reformationstag/ »Church Night«, oder am 6. Sonntag nach Trinitatis)

- Taufe im Freien in fließendem Wasser
- »Gottesdienst im Grünen«
- »Und alle feiern mit«

  vollständiger Ablauf (Recherche, Einladung, Elternabend, Gottesdienst mit Aktion und Sprechspiel)

  Judith Augustin, in: Judith Augustin und Heinz Behrends (Hg.), *Taufe und Tauferinnerung*, 81–89 + DVD BÜM, PRE

Tonalität des Gottesdienstes

- Schlicht ist schön!
- Die am Gottesdienst Mitwirkenden meinen, was sie sagen – und sie tun es auch. So wirkt die Feier authentisch, natürlich, lebensnah und lebensbejahend. Es darf auch mal kantig und profiliert sein, aber nie weichgespült und allzu angepasst.
- »Fremde« und unkonventionelle, aber inspirierend empfundene Elementen werden bewusst eingesetzt (z.B. Gregorianik, Taizé, besondere Gebetssprache).

Liturgie

- milieuspezifische liturgische Elemente
  - Inszenierung der klassischen Zeichenhandlungen ohne erklärende Worte

    Die Taufkerze wird für alle sichtbar mit großer Geste an der Osterkerze entzündet. In einer Prozession bringen Kinder das Wasser zum Taufbecken, das dann hörbar eingegossen wird.
  - Verwendung von Öl zur vertiefenden Deutung des Taufrituals
    Postbaptismale Salbung mit dem Öl der Danksagung, z.B. nach der *Traditio apostolica*:
    »Ich salbe dich mit heiligem Öl im Namen Jesu Christi.«
  - Segnung der Eltern
  - Eigenschaften des Wassers und dessen religiöse Deutung, ggf. mit Bildern
  - Integration der Taufe in eine Tauferinnerungsfeier für die Tauffamilie
  - »Der Kämmerer aus Äthiopien« (Apg 8,26–40)

    Thomas Knippenberg, in: Peter Barz und Bernd Schlüter (Hg.), *Werkbuch Taufe*, DVD BÜM, SÖK
- Beteiligungsmöglichkeiten
  - Begrüßung an der Kirchentür

    Textvorschläge für eine Begrüßung durch die Eltern bei Frank Maibaum, *Das Taufbuch*, 17 KET, BÜM, TRA
  - klassische Beteiligungsformen (wie Gebet der Paten, Schriftlesung)
  - Slideshow mit Bildern des Säuglings und der Familie, untermalt mit Musik

- o Gedanken der Eltern zum Namen des Kindes
- o knapper, persönlich gehaltener Bericht über den Weg der Familie zur Taufe

Lieder

- Taizé-Gesänge (z.B. EG 178.12, EG 181.6)
- »Kind, du bist uns anvertraut«
- »Nun danket alle Gott« (EG 321)
- »Großer Gott, wir loben dich« (EG 331)

Textbausteine für die Taufansprache

Symbol Baum

Tauffest im Grünen mit Taufe von Kindern im Grundschulalter; Thema: Psalm 1

Pflanzung eines Baumes für jeden Täufling (evtl. durch die Paten) und als Geschenk an jeden Täufling eine Baumscheibe als Halter für die Taufkerze

Vorhin haben wir ein altes Gebet miteinander gebetet, da wird ein Mensch mit einem Baum verglichen (*Lesung von Ps 1,2–3 nach der Übersetzung von Jörg Zink*):

Dieses Gebet haben wir für Euch ausgesucht, damit es Euch heute begleitet und später an Eure Taufe erinnert. In diesem alten Gebet wird ein Mensch mit einem Baum verglichen, ein Baum, der wächst und Früchte trägt. So werdet Ihr noch wachsen, und Euer Leben wird einmal Früchte tragen. Deshalb werden wir nachher für jede und jeden von Euch einen kleinen Baum pflanzen.

An einem Baum kann man sehen, wie alt er ist: an seiner Größe und an seinen Jahresringen im Baumstamm. Auch bei uns Menschen kann man das Wachsen und die Veränderungen sehr genau beobachten. Wenn ich Euch anschaue, kann ich sehen, dass Ihr schon große Schulkinder seid. Jedes Jahr feiern wir einen Geburtstag. In den ersten Lebensjahren kommen zu den Geburtstagen noch andere wichtige Ereignisse, an die man sich später gerne erinnert, von denen es meist Fotos oder Videos gibt: die ersten eigenen Schritte, das erste gesprochene Wort, der erste Zahn, der erste Tag im Kindergarten, der erste Schultag. Das alles sind wichtige Stationen in Eurem Leben gewesen, Wachstumsringe wie an einem Baum. Und heute kommt für Euch eine neue Station dazu: Eure Taufe, Eure Aufnahme in die Gemeinschaft der Kirche. Von heute an könnt Ihr auch Euren Tauftag feiern – jedes Jahr!

Gleich werden Eure Paten für jede und jeden von Euch einen kleinen Baum pflanzen. Die Pflanzlöcher hier sind schon vorbereitet und mit guter, fruchtbarer Erde gefüllt. Wasser zum Angießen steht auch bereit; das dürft Ihr dann tun. Beim Pflanzen müssen wir vorsichtig sein, damit wir die Wurzeln der kleinen Bäumchen nicht verletzen. Ein Baum kann nur wachsen, groß und stark werden, wenn er gute Wurzeln hat. Er braucht die Wurzeln, um Wasser aus der Erde zu holen, damit er überhaupt leben kann. Er braucht die Wurzeln auch, um fest zu stehen und nicht gleich umzufallen, wenn ein Sturm kommt. Auch wir Menschen brauchen Wurzeln, damit wir leben und wachsen können. Wir brauchen Essen und Trinken und ein Dach über dem Kopf. Wir brauchen unsere Eltern und ihre Liebe und gute Freunde und ihren Rat. Und wir brauchen Gottes Liebe, seine Begleitung und seinen Schutz, damit unser Leben einen festen Grund und ein Ziel hat.

Im Kraftfeld von Gottes Liebe und seinen Geboten soll Euer Leben gelingen. So wie Eure Bäumchen mit Wasser in gute Erde eingewurzelt werden, so werdet Ihr bei der Taufe eingewurzelt in Gottes Liebe.

Die Paten setzen das Bäumchen ein und die Täuflinge versorgen es mit Wasser. Als Geschenk an die Täuflinge wird eine Baumscheibe überreicht mit dem Hinweis auf die unterschiedlich starken Jahresringe – die guten oder schlechten Jahre – eines Baumes: Gottes Liebe ist der Wurzelgrund unseres Lebens, in Zeiten des Überflusses und der Dürre.

Symbol Licht

Taufe in der Osternacht – Licht als liturgisches und inhaltliches Motiv: Osterfeuer, Osterkerze, Lichtfeier, Taufkerze
Liturgischer Weg vom Osterfeuer (Jes 60,1) durch die dunkle Kirche (Ps 27,1; 119,105) zu Altar/Ambo (Osterevangelium; Joh 8,12), Taufstein (Mt 5,14)
Musik: gregorianischer Choral (Playback) und Taizégesänge beim liturgischen Weg

Das Licht feiern wir in dieser Osternacht auf besondere Weise: Mit dem Feuer draußen vor der Kirche hat es begonnen. Daran haben wir die Osterkerze entzündet. Sie ist das Zeichen der Auferstehung Jesu vom Tod, das mächtigste Zeichen unserer Hoffnung. Dann haben wir das Licht in die dunkle Kirche getragen und dabei von dem Licht gesungen, das Christus in die Welt gebracht hat. In den biblischen Lesungen haben wir gehört, wie Gott das Licht geschaffen hat. In der Ostergeschichte haben wir gehört, dass die Engel im leeren Grab weiß waren wie das Licht. Als Zeichen für das neue Leben, in das Jesus Christus auferstanden ist, haben wir das Licht weitergegeben, bis die ganze Kirche hell erleuchtet war.

Dieses geheimnisvolle, schöne, mächtige und tröstliche Licht soll Ihren Kindern nun geschenkt werden in der Taufe. Es verbindet sie mit Christus, es trägt durch dieses Leben und über den Tod hinaus. Das Licht seines neuen, unzerstörbaren Lebens leuchtet über ihrem Lebensweg und weist ihnen den Weg zum ewigen Leben.

Stationenweg zum Glaubensbekenntnis und zu Schriftlesungen

Die agendarischen Bekenntnis- und Schriftlesungstexte zur Taufe werden nicht nur gehört, sondern auf verschiedene Weisen wahrgenommen. Ziel ist es, die vermeintlich »angestaubten« alten Texte neu und »für mich« zu entdecken. Im Hintergrund werden meditative Musik (z.B. Era) oder nachdenkliche deutsche Lieder (z.B. Xavier Naidoo) gespielt. Die Gottesdienstbesucher bewegen sich etwa eine Viertelstunde lang frei durch den Kirchenraum und entdecken die einzelnen Stationen. Es darf auch leise geredet werden und an Stationen gemeinsam Halt gemacht werden. Jede Station hat eine Überschrift, die den Inhalt zusammenfasst. Eine kurze Predigt rekapituliert die Texte und bündelt die Erfahrungen.

Stationen:

1. »Ich glaube«: Das Apostolische Glaubensbekenntnis ist auf mp3-Playern zu hören. Es besteht die Möglichkeit, eigene kurze Glaubenssätze auf bereitliegenden Zetteln niederzuschreiben.

2. »Bei uns«: Der »Taufbefehl« Mt 28,18–20 wird an die Wand projiziert; davor steht ein Globus. Die Hände werden um den Globus gelegt und der Text leise gelesen.

3. »Zu mir«: Auf dem Boden liegen beim »Kinderevangelium« (Mk 10) aufgeschlagene Bibeln und verschiedene Bilder mit Kindergesichtern, die verschiedene Emotionen ausdrücken. Bibeltext und Bild werden eine Zeitlang betrachtet. Auf der Rückseite eines jeden Kinderbildes ist der Schriftzug »... denn ihnen gehört das Reich Gottes« abgedruckt.

4. Am Boden liegt ein Kruzifix, an das ein Tuch angebracht ist. Das Kruzifix wird vom Boden aufgehoben, und ein Spiegel wird sichtbar, auf dem der Bibelvers Joh 3,16 geschrieben ist.

- Weitere Ideen
  - Bezüge zu Alltagsthemen: Partnerschaft, Familie, Erziehung, Beruf
  - »Schreibaby« (zu Ps 103,8)

    Heike Radtke, in: Erhard Domay (Hg.), *Arbeitsbuch Kasualien*, 24f.
  - »Bei dir ist die Quelle des Lebens« oder »Den Durst behalten« (zu Ps 36)

    Götz Brakel, in: Erhard Domay (Hg.), *Taufe*, 64–68
  - Taufgedicht von Wilhelm Willms zum Thema »Wasser«

    »wir möchten nicht
    dass unser kind mit allen Wassern gewaschen wird
    wir möchten dass es mit dem wasser der gerechtigkeit
    mit dem wasser der barmherzigkeit
    dem wasser der liebe und des friedens
    reingewaschen wird [...]«

    Wilhelm Willms, *Mitgift. Eine Gabe mitgegeben in die Ehe*, Kevelaer 1983, 45.
  - »Das Hemd des Glücklichen«

    Der Zar ist sterbenskrank und sendet auf den Rat eines Weisen hin Boten aus, um das Hemd eines wahrhaft Glücklichen zu besorgen, damit er es anziehe und gesund werde. Als sie nach langem Suchen einen glücklichen Mann finden und ihm sein Hemd für viel Gold abkaufen wollen, stellt sich heraus: »Der Glückliche war so arm, dass er gar kein Hemd hatte!«

    Die Taufe ist zu vergleichen mit einem unsichtbaren Kleid, das Liebe, Beziehung zu Gott, Vergebung etc. verleiht und damit echtes Glück schenkt.

    Nach einem Märchen von Leo Tolstoj (vgl. Gerhard Schöne, »Die Sieben Gaben«, 1992)

    vollständige Andacht in: Judith Augustin und Heinz Behrends (Hg.), *Taufe und Tauferinnerung*, 80
  - Musikvideo Johnny Cash, »Personal Jesus« (Original von Depeche Mode)

    »Your own personal Jesus
    Someone to hear your prayers
    Someone who cares [...]«

    Wie stellen wir uns unseren »persönlichen Jesus« vor? Was zeichnet ihn aus? Was tut er für uns?

Weiterführung

Diejenigen kirchlichen Angebote und Veranstaltungen, die einen praktischen Bezug zur Lebenssituation haben, die mit der Alltagsgestaltung kompatibel sind und die möglichst »unideologisch« formatiert sind, werden am ehesten Resonanz finden. Hinweise werden per Mail oder soziale Netzwerke weitergeleitet.

- das Angebot einer »offenen Kirche«

  »›Macht die Kirchentüren auf!‹ … Vielleicht ist das, worauf es ankommt, nur das Einfachste, nämlich, die Kirchen als ›Haus der Stille‹ anzubieten für Menschen, die in der Unrast ihres Lebens nach Ruhepunkten für ihre Seele suchen« (Ulrich Fischer)
- die Initiative »Glaube am Montag«

  www.glaube-am-montag.net
- Veranstaltungen
  - Einheiten aus dem Glaubenskurs »Stufen des Lebens«, z.B. »Ob Vertrauen sich lohnt« (Abraham) oder »Durch Krisen reifen« (Elia)

    AMD (Hg.), *Erwachsen glauben*, 164–169

    www.stufendeslebens.de
  - Krabbelgruppen
  - außergewöhnliche Gottesdienstformen (z.B. Osternachtsgottesdienst, Taizégottesdienste, Thomasmesse)
  - Tauferinnerung (Tauferinnerungsfest am Ort der Taufbäume)
  - nicht-gottesdienstliche Ereignisse (wie ein Public Viewing während einer Fußballweltmeisterschaft)

3. Sozialökologisches Milieu

Ich lebe in Köln und liebe diese Stadt. Hier pulsiert das Leben. Hier gibt es kein Klein-Klein des dörflichen Kochtopfguckens. Hier lebt man frei und unabhängig. Manche machen sich das freilich zunutze und leben ein egozentrisches und unsoziales Leben. Das ist zu kurz gedacht. Dass es mir gut geht, ist die Gunst des Lebens, die mir zuteil wurde. Also kann ich doch mit meinem Lebensstil nicht zulasten anderer leben. Neueste Untersuchungen zeigen: Wenn wir die natürlichen Ressourcen weiterhin so stark verbrauchen wie bisher, dann bräuchten wir im Jahr 2050 rechnerisch drei Planeten! Aber das will natürlich kein Mensch hören. Es ist mir wichtig, dem entgegenzuwirken. Ich will mich als »Gewissen der Gesellschaft« verstehen. Deshalb bin ich auch stolz, in unserer örtlichen Kirchengemeinde beim »Grünen Gockel« mitzuarbeiten. Mich interessiert wahrlich nicht alles, was dort läuft, aber das ökologische Anliegen der Gemeinde hält mich bei der Stange. Deswegen war es für mich auch klar, meine Tochter Emilia hier taufen zu lassen. Nach Köln kam ich übrigens wegen des Studiums. Dort habe ich auch den Vater von Emilia kennengelernt, der nun aber andere Wege geht. Ich genieße die Weltoffenheit dieser Stadt, das kulturelle Angebot. Das »Museum Ludwig« hat eine Dauerausstellung mit zeitgenössischer Kunst – da verbringe ich mitunter den ganzen Sonntagnachmittag; die Kleine schläft in ihrem Buggy, und ich kann zur Ruhe kommen. Mir gefällt es, den Alltag hinter mir zu lassen, herunterzukommen, einzutauchen in etwas ganz Anderes und mich dabei selbst zu finden.

Das Milieu 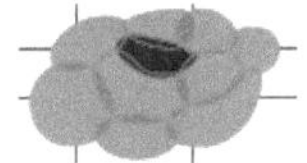

Kurzcharakteristik

Menschen, die dem sozialökologischen Milieu zugeordnet werden,

- bemühen sich um einen konsequent nachhaltigen, ökologischen Lebensstil, der sich auf alle Lebensbereiche erstreckt (Ernährung, Wohnen, Energie, Mobilität),
- verstehen sich gesellschaftskritisch als Vorreiter und Wegbereiter einer besseren Welt (ökologisch, politisch, gesellschaftlich): »Wenn viele kleine Leute an vielen kleinen Orten viele kleine Dinge tun, können sie das Gesicht der Welt verändern«,
- sind offen für spirituelle und esoterische Angebote, suchen »Entschleunigung«,
- lassen sich vom »Fremden« faszinieren (z.B. fremde Kulturen),
- interessieren sich für Kunst und Kultur,
- grenzen sich strikt von der Konsumorientierung der »Unterschicht« mit ihrer »Geiz ist geil«-Mentalität ab.

7% der Bevölkerung
Altersdurchschnitt 48 Jahre (30 bis 60 Jahre, überdurchschnittlich viele Geschiedene)

Lieder des sozialökologischen Milieus

- Bob Marley, »Keep on Moving«
- U2, »Sunday Bloody Sunday«
- F.J. Degenhardt, »Spiel nicht mit den Schmuddelkindern«
- Emilia Torrini, »Jungle Drum«
- Pink Floyd, »Another Brick in the Wall«
- Johnny Cash, »Hurt«

Taufe und sozialökologisches Milieu

- Die Taufe ist ein Ritus mit großer spiritueller Kraft, welcher über das individuelle Leben hinausweist.
- Das Christliche der Taufe ist eher »zufällig«, man könnte sich auch andere religiöse Initiationsriten vorstellen.
- Kirchlichen Regelungen, örtliche Bräuche und theologische Standpunkte werden (programmatisch) hinterfragt.
- Die Kirche erfüllt dann ihre gesellschaftliche Aufgabe, wenn sie sich gegen den Mainstream und die oberflächliche Konsumorientierung richtet.
- Kirche wird als eine »Institution« wahrgenommen, die darin mit dem sozialökologischen Milieu verbündet ist, dass sie die sinnentleerte Jagd nach Geld und Konsum ablehnt und sich (lokal und global) für die Belange der Menschen einsetzt.
- Die Pfarrerin ist »Katalysatorin« eines gesellschaftlichen Umdenkens und motiviert ihre Gemeinde, ihren Lebensstil mit Blick auf die Herausforderungen der Zukunft kritisch zu überprüfen.

Die Taufe zeigt mir: Wir sind Teil eines großen Ganzen.

Dos and Don'ts – Das Werteprofil des sozialökologischen Milieus

Die Sozialökologischen tun sich schwer, wenn …

- die Kirchengemeinde nicht über den eigenen Tellerrand hinauszublicken scheint (jegliche Art von Provinzialität),
- Kirche vom Heil der Menschen redet und dabei das Wohl der Welt vernachlässigt,
- der Gottesdienst wie eine Samstagabendshow inszeniert wird,
- die Feier oberflächlich (»mehr Schein als Sein«) oder gehetzt wirkt,
- unüberlegte, scheinbar nicht durchdachte Aussagen getroffen werden,
- der Pfarrer das Taufgeschehen allzu sehr dominiert und seine Autorität und Kompetenz ausspielt (keine Asymmetrie),
- konservative Traditionsorientierung das Geschehen bestimmt.

Die Sozialökologischen freuen sich, wenn ...

- sich die Kirche als Partnerin ihres gesellschaftlichen Engagements erweist und ihre kosmopolitische Perspektive teilt (Gerechtigkeit und Wohlfahrt für alle Menschen),
- der Respekt vor dem »Fremden« und »Anderen« erkennbar ist,
- die Liturgie überlegt gestaltet ist und die Predigt ihren intellektuellen Ansprüchen genügt,
- hochkulturelle Elemente vorkommen (z.B. in einem Musikbeitrag, Gedicht),
- die überindividuelle, spirituelle Dimension der Taufe deutlich wird,
- die Kommunikation nicht nur auf der diskursiven (Predigt), sondern auch auf der rituellen Ebene stattfindet (den einzelnen liturgischen Elementen wohnt eine besondere Kraft inne; diese sind nicht nur Teil eines traditionellen »Ablaufs«),
- ihre Themen authentisch aufgenommen werden (Ökologie, Gerechtigkeit, Kultur),
- eine Atmosphäre der Achtsamkeit ausgestrahlt wird,
- ihre Kompetenzen und Fähigkeiten zum Tragen kommen und ihre (Sonder-) Wünsche Berücksichtigung finden.

Theologische Anknüpfung

- Die Kirche und die Gemeinde vor Ort nehmen das »Seufzen der Kreatur« als theologisches und gesellschaftspolitisches Thema zur Kenntnis und beziehen Stellung.
- Die Kirche übt Kritik an der Konsum- und Überflussgesellschaft (vgl. alttestamentliche Prophetenkritik), und sie verbreitet die Vision einer Welt, in der »Gerechtigkeit und Friede sich küssen« (Ps 85,1).
- Taufe ist Sendung in die Welt – »to make a difference«.
- Der symbolische Reichtum der Taufe wird unterstrichen.
- Der »alte Adam« – der selbstzentrierte, unachtsame, geizige, schuldige Mensch – muss täglich ersäuft werden (Martin Luther).
- Impulse aus der Befreiungstheologie werden aufgenommen: Wir hören auf diejenigen, die die Bibel als Unterprivilegierte, Schwache und Unterdrückte lesen.
- Die mystische Dimension der Taufe wird (neu) entdeckt (vgl. Röm 6: »Hineingetauftwerden in Christi Tod«, Gal 3,27: »Christus anziehen«).
- Die Kirche war schon von Anfang an »soziale Avantgarde«; die Taufe setzt überkommene Wertmaßstäbe und Ordnungen außer Kraft (vgl. Gal 3,28).

»Evangelische Provokationen«

- Es besteht die Gefahr einer selbstgerechten ökologischen und politischen »correctness« (wir sind das »Gewissen der Gesellschaft«): »Was siehst du den Splitter im Auge deines Bruders, doch den Balken in deinem Auge nimmst du nicht wahr.«

- Das Evangelium wagt den eschatologischen Ausblick auf die Vollendung.

  »Es wird dann und dort, in der Ewigkeit *vor* uns das Seufzen der Kreatur verstummt sein und auch der Mensch nur noch in seiner Bestimmung leben, Gottes Spiegel und Echo und so Zeuge der transeunten Herrlichkeit Gottes zu sein, sich mitzufreuen mit dem Gott, der selber ewige Freude hat und die ewige Freude selber ist.«

  Karl Barth, KD II/1, 731

- »Letztes« und »Vorletztes« sind ineinander verschränkt (Dietrich Bonhoeffer)
- Sozialethische und ökologische Themen gehören mit der Soteriologie elementar zusammen.
- Die Vision einer Läuterung der Gesellschaft wird ergänzt durch die mit der Taufe verbundene Vorstellung einer Reinigung des inneren Menschen.

Die Taufe

Taufvorbereitung

Annäherungen

- Taufbroschüre

  Vor dem Taufgespräch wird eine Taufbroschüre zur Verfügung gestellt (evtl. mit DVD) bzw. auf einschlägige Internetseiten verwiesen.

  »Du bist mein« – Broschüre und DVD zur Taufe

  www.evmedienhaus.de

- »Das Projekt ›Spiritualität im Alltag‹ und die Taufe«

  In dem Projekt gewinnen die Teilnehmenden mit Hilfe der Liturgie des Gottesdienstes vertiefte Einsichten über sich und ihre Verbundenheit mit der ganzen Schöpfung. Der Kurs eröffnet einen Prozess, in dem gegenseitige Achtung und die Fähigkeit, den eigenen Glauben auszudrücken und im Alltag zu praktizieren, wachsen können. Innerhalb des Projektes werden sieben liturgische Schritte begangen: 1. Anrufung – verbunden sein; 2. Sündenbekenntnis, Freispruch, Vergebung – Annahme erfahren; 3. Verkündigung – Wort Gottes hören; 4. Glaubensbekenntnis – Antwort geben; 5. Dankopfer – Gabe sein; 6. Abendmahl – Gemeinschaft feiern; 7. Segen – bestärkt werden.

  Bernd Schlüter, in: Peter Barz und Bernd Schlüter (Hg.), *Werkbuch Taufe*, 194–196
  AMD (Hg.), *Erwachsen glauben*, 152–157 EPE

- Begegnungshalbtag im Konfirmandenunterricht

  (bei Taufe im Konfirmandenalter)

  Die Konfirmation schließt das Recht zum Patenamt ein. Die bereits Getauften in der Konfirmandengruppe haben schon Erfahrungen mit ihren Patinnen und Paten gemacht. Zu dem Begegnungshalbtag werden Paten der Konfirmanden eingeladen, die von ihrem Patenamt berichten und mit den Konfirmanden ins Gespräch kommen. Wie habt ihr uns als eure Paten erlebt? Wie haben wir euch erlebt? Solltet ihr einmal selbst ein Patenamt übernehmen: Wie kann das Miteinander von Patenkind und Patin auf eine gute Weise gestaltet werden? KET, BÜM, PRA

Taufseminar

- Glaubenskurs mit Dietrich Bonhoeffer

  Bernd Vogel und Petra Roedenbeck-Wachsmann, *Glaubenskurs mit Dietrich Bonhoeffer*, Göttingen 2009 (mit CD-ROM) KET, LIB

Taufgespräch

- Rahmen und Charakter
  - Das sozialökologische Milieu geht gut informiert in das Taufgespräch und hat oftmals schon eine recht genaue Vorstellung, was den Termin und einzelne Elemente der Feier angeht.
  - Das Gespräch findet auf Augenhöhe statt: Der Pfarrer begegnet als professioneller Geistlicher Menschen, die um ihre Kompetenzen und Fähigkeiten wissen und diese auch zum Gelingen der Tauffeier zur Verfügung stellen. Es wird erwartet, dass die eingebrachten Vorschläge wohlwollend aufgenommen werden.
  - Die Kommunikation verläuft ohne Scheuklappen, auch Provokatives und Herausforderndes darf angesprochen werden.
- Themen des Gesprächs
  - konkrete Gestaltungsideen und Beteiligungsmöglichkeiten: »Welche Gedanken haben Sie sich bereits über die Taufe gemacht?«
  - Austausch über Elemente der individuellen (Patchwork-)Spiritualität des Täuflings bzw. der Tauffamilie
  - Diskussion über heterodoxe Einstellungen
  - »mystisch« konnotierte Elemente kirchlicher Taufpraxis (v.a. aus der frühen Taufgeschichte)
  - engagierte, dialogische Arbeit an den Fragen: »Was ist Taufe?« »Was ist Taufe nicht?«
  - Brief an das Kind

    Die Eltern schreiben nach dem Taufgespräch einen Brief an ihr Kind. Sie formulieren Wünsche, die an der Taufe als »Beginn auf dem Weg des Glaubens« andocken. Diesen Brief erhält die Pfarrerin als Vorbereitung zur Predigt. Evtl. spielt der Brief im weiteren Verlauf des Tages noch eine Rolle, oder er wird an den Tauftagen hervorgeholt und gelesen. KET, LIB

Der Taufgottesdienst

Rahmen, Ort und Zeit

Die äußeren Rahmenbedingungen nehmen in besonderer Weise Rücksicht auf den überindividuellen, spirituellen Charakter der Taufe. Der Kirchenraum wird als besonderer, »heiliger« Ort mit spürbarer geistlicher Qualität erlebt. Er steht für Entschleunigung, für die »Unterbrechung des Alltags«, für den Unterschied zwischen Drinnen und Draußen bzw. zwischen Kirche und Welt. Im Gottesdienst kann es aber auch zum spannungsvollen Nebeneinander beider Pole kommen.

- Taufe als Teil eines geistlich dichten gottesdienstlichen Anlasses (z.B. während der Osternachtsfeier)
- Taufe im Rahmen eines Vesperkirchenprojekts

Tonalität des Gottesdienstes

- Die liturgischen Handlungen werden ruhig und bedacht und mit hoher liturgischer Präsenz vollzogen und gerade nicht durch eine liturgische »Homilitis«, die alles erklären will, verbal »zugekleistert«.
- Gestus und Ausdruck der Beteiligten sind ungekünstelt und nicht elitär, aber auch nicht zu bodenständig-bürgerlich.
- Der Gottesdienst ist geprägt durch eine Tiefgründigkeit, die nicht am realen Leben vorbeizielt.

Liturgie

- milieuspezifische liturgische Elemente
  - vergessene und verlorene Elemente, z.B. Salzgabe, Effata-Ritus

    Salzgabe (*datio salis*): ursprünglich ein an Katechumenen vollzogener Ritus mit apotropäischem Hintergrund

    Effata-Ritus (nach Mk 7,32–37): Die Pfarrerin berührt mit dem durch Öl (ursprünglich Speichel) befeuchteten Daumen die Ohren, den Mund und die Nase und spricht dabei: »Effata, das heißt: tu dich auf (zum süßen Wohlgeruch)!«

    EPE, HED
  - »Sintflutgebet« aus Luthers Taufbüchlein
  - Bedeutung des Wassers (reinigend, todbringend, lebensspendend, kühlend)

    Beim Eingießen des Taufwassers wird ein liturgischer Text gesprochen.

    Matthias Kreplin, in: Erhard Domay (Hg.), *Taufe*, 124
  - Bedeutung des Öls (reinigend, schützend, stärkend)
  - Zeiten der Stille bzw. meditative Musik, um das Geschehene nachzuvollziehen

    Das Ritual soll dabei selbst sprechen, ein Zuviel an Worten wird gemieden:

    »Es gibt ein anderes Leiden in meinen Gottesdiensten, es ist die wortreiche Erklärung aller Sachverhalte, der Riten und der Gesten. Es ist die kolloquiale Unterlaufung und Kastrierung der Symbolik des Gottesdienstes. Jede Geste hat ihre eigene Sprache, jedes Symbol spricht. Die Handauflegung hat ihre verständliche schweigende Sprache, der Segen, die Kerzen, das Feuer, das Knien … Es gibt ein anderes Verstehen als das bewusste. Wer die Form, das Ritual und den Gestus missachtet, muss reden.«

    Fulbert Steffensky, *Schwarzbrot-Spiritualität*, Stuttgart 2005, 86f.
  - selbstformuliertes Glaubensbekenntnis

    Hinweise und Vorschläge zur Formulierung eines eigenen Glaubensbekenntnisses

    Frank Maibaum, *Das Taufbuch*, 62f. KET, BÜM, TRA

- o Eingehen auf besondere familiäre Situation (z.B. alleinerziehende Mutter) mit einer Segenshandlung
- o Anspiel »Taufe – eine Form von Gelassenheit«

  Vor der Himmelstür: Einer hat einen Koffer dabei mit Dingen, die er Gott vorzuweisen hat. Ein anderer verlässt sich auf seine Taufe/die Gnade Gottes.

  Thomas Knippenberg, in: Peter Barz und Bernd Schlüter (Hg.), *Werkbuch Taufe*, DVD BÜM

- Beteiligungsmöglichkeiten
  - o Gedichtvortrag in Verbindung mit einer kurzen, persönlichen Ansprache an den Täufling
  - o Musikbeitrag
  - o Kleinkunst
  - o Verlesen des »Briefes an das Kind« (s. Taufgespräch)

Lieder

- »Ich bin getauft auf deinen Namen« (EG 200)

  vgl. das »mystische« Bild des Einsenkens in Strophe 1: »Ich bin in Christus eingesenkt«
- »Voller Freude über dieses Wunder« (EG 212)
- »Segne dieses Kind« (EG/Wü 581)
- »Viele kleine Leute« (Kanon)

Textbausteine für die Taufansprache

Wasser

Wasser, ein schlichtes Element – zusammengesetzt aus zwei Teilen: Wasserstoff und Sauerstoff. Unsere Erde ist zu einem großen Teil von Wasser bedeckt. Es ist das Wasser, das unseren Heimatplaneten zum blauen Planeten macht! Wer kennt es nicht, das Bild unserer Erde, »The Blue Marble« – die blaue Murmel. Sie funkelt wie ein blauer Topas, wunderschön anzusehen, wertvoll, stolz, aber auch zerbrechlich und schutzbedürftig – so klein inmitten des weiten Alls, hineingeworfen in die Unendlichkeit des Weltraums. Dieser »Wasserplanet« ist unser aller Lebensraum. Sein Wasser prägt unser tägliches Leben. Wir kommen jeden einzelnen Tag damit in Berührung: beim Zähneputzen und Waschen, beim Spülen, beim Trinken. Wasser fasziniert uns: als überwältigender Ozean oder als rauschender Wasserfall, als leise plätschernder Bergbach oder als warmer Sommerregen. Jedoch: Wasser ist leider nicht überall zur Genüge vorhanden. Es ist bedroht durch den Klimawandel. Gefährdet durch Umweltverschmutzung. Die Kriege der Zukunft werden über dem Wasser ausgefochten werden, sagen uns die Experten. Versiegendes Wasser lässt Menschen aus ihrer Heimat fliehen. Das nimmt uns, die Politik, die Gesellschaft, jeden Einzelnen, in die Verantwortung. Wie gehen wir sorgsam mit dem Lebenselixier Wasser um? Was ist unser ökologischer Fußabdruck (evtl. an dieser Stelle eine Beispielrechnung einschalten; vgl. www.footprint-deutschland.de)?

Wasser. Ein schlichtes Element, mit enormer Bedeutung für unsere Erde und unser Leben. »Die Taufe ist nicht allein schlicht Wasser«, schrieb der Reformator Martin Luther im Jahr 1529 in seinem »Kleinen Katechismus«. Sie ist »das Wasser in Gottes Gebot gefasst und mit Gottes Wort verbunden.« Sie ist also aus zwei Teilen zusammengesetzt: fließendes Wasser und Gottes Wort. Was bedeutet das? Früher wurden die Täuflinge im wahrsten Sinne des Wortes untergetaucht, in einem Fluss, einem großen Taufbecken. Manche christlichen Kirchen und Gemeinschaften praktizieren die Taufe heute noch so. Die Symbolik ist deutlich: Das Wasser umgibt und bedeckt den Täufling. Wir sind in Jesus Christus hineingetauft. Die Taufe verbindet uns aufs Engste mit Christus, er umgibt und bedeckt uns wie das Wasser. Das gilt auch und gerade für dieses Kind, das Ihnen, liebe Eltern, wertvoller ist als ein funkelndes Juwel – wunderschön anzusehen, wertvoll, stolz, aber auch zerbrechlich und schutzbedürftig. So klein, hineingeworfen in die Weite und in die Tiefen der Welt, das macht uns manchmal Angst. Es wird aber auch – am heutigen Tag – hineingetauft in Jesus Christus, umgeben von ihm, seiner Fürsorge anheimgestellt. Er, der sich in die Tiefen der Welt hinabbegeben hat, will der »Lebensraum« des Getauften sein. Er will unser tägliches Leben prägen, jeden Tag mit uns in Berührung kommen. Mit seiner überwältigenden Größe (wie ein Ozean), mit seiner verändernden Kraft (wie ein Wasserfall), mit seiner sanften, liebevollen Berührung (wie ein Bergbach), indem er uns guttut und uns das Leben spüren lässt (wie ein warmer Sommerregen). Jedoch: Nicht immer sind wir uns der Nähe Jesu bewusst, wir lassen ihn nicht in unsere Mitte, wir wählen einen anderen Lebensraum. Die Quelle versiegt. Die Taufe nimmt uns auch in die Verantwortung, Sie als Gemeinde, Sie als Paten und Sie als Eltern. Der Verantwortung stellen Sie sich, wenn Sie die Tauffrage mit »Ja« beantworten. Auch als Christinnen und Christen hinterlassen wir einen Fußabdruck! Wie sieht der aus?

- Weitere Ideen
  - Ansprache über Kunstgegenstände in der Kirche (Gemälde, Taufstein usw.)
  - Symbole der Taufe in Verbindung mit der Aufnahme alter Rituale in der Liturgie
  - Aufnahme »sozialökologischer Leitmotive«, z.B. »Es gibt kein richtiges Leben im Falschen« (Theodor W. Adorno), »Action speaks louder than words«
  - »Es ströme aber das Recht wie Wasser und die Gerechtigkeit wie ein nie versiegender Bach.« (Amos 5,24)
  - »Magische Momente« (zu Eph 5,8–9: »Lebt als Kinder des Lichts …)

    Klaus Guhl, in: Erhard Domay (Hg.), *Arbeitsbuch Kasualien*, 52.
  - »Balance« (zu Mt 5,9)

    Klaus Eulenberger, in: Erhard Domay (Hg.), *Arbeitsbuch Kasualien*, 39f.
  - »Der kleine Prinz«

    Erzählvorschlag zum Thema »Verantwortung« bei Frank Maibaum, *Das Taufbuch*, 48f.

Weiterführung

Es ist wichtig, das gesellschaftliche Engagement sozialökologisch gesinnter Menschen, ihre Ideale und Kompetenzen anzuerkennen und dabei eine Brücke zu schlagen zur kirchlichen Arbeit. Ein Flyer kann die sozialen, sozialethischen und ökologischen Anliegen der Gemeinde dokumentieren und aufzeigen, was Kirche »bewegt«. Hinweise auf milieuspezifische gemeindliche und überregionale Angebote werden am besten per Email oder soziale Netzwerke verschickt.

- Mitwirkung an bzw. Planung von Veranstaltungen zu »sozialökologischen« Themen
- konzeptionelle Mitarbeit an Gemeindeprojekten (z.B. »Eine-Welt-Laden«, »Grüner Gockel«)
- Veranstaltungen
  - Vorträge und Podiumsdiskussionen
  - Kunst und Kirche, Kirchenkonzerte (intellektuell und kulturell anspruchsvolle Veranstaltungen)
  - »Erlebnisausstellung Taufe«

    Darstellung und Erläuterung verschiedener Taufaspekte im Kirchen- oder Gemeinderaum Texte, Bilder und geistliche Impulse zur Bedeutung der Taufe

    www.geistreich.de
  - Einheiten aus dem Glaubenskurs »Zwischen Himmel und Erde«, z.B. »Gerechtigkeit, Frieden und Bewahrung der Schöpfung«

    AMD (Hg.), *Erwachsen glauben*, 175–179
  - »multiethnischer« Tauferinnerungsgottesdienst

    Ein gemeinsamer Gottesdienst der örtlichen Gemeinde mit einer vor Ort beheimateten Gemeinde anderer Sprache und Herkunft. Unterschiedliche Tauftraditionen und -bräuche werden spannungsvoll aufeinander bezogen.

    PRA, EPE
- tau(f)tropfen

  Ein Projekt des Gemeindedienstes der Nordelbischen Evangelisch-Lutherischen Kirche. Ein in zwölf Ausgaben erscheinendes Journal wird über vier Jahre dreimal jährlich persönlich verteilt. Inhalt: Spiritualität für Kinder, Erziehungsfragen, praktische Tipps

  Peter Barz, in: Peter Barz und Bernd Schlüter (Hg.), *Werkbuch Taufe*, 107–109

  TRA, BÜM, PRA, evtl. PRE

d) Taufe in den Milieus der unteren Mitte / Unterschicht

1. Traditionelles Milieu

Obwohl mein Mann und ich schon lange im Ruhestand sind, haben wir immer alle Hände voll zu tun. Das fängt morgens mit dem Bettenausschütteln an. Dann muss die Sitzecke in der Küche nach dem Frühstück von Brosamen befreit werden, und regelmäßig werden die Fenster geputzt. Mein Mann ist gerade in unserem Schrebergarten und streicht das Hüttchen, weil wir da am Wochenende mit unserer Familie grillen wollen. Es muss alles in Ordnung gehalten werden, denn der Sinn des Lebens besteht doch darin, dass man sich etwas aufbaut, das Erarbeitete bewahrt und es dann an die nächste Generation weitergibt. Aber das Traurige ist ja, dass die jungen Familien ihren Kindern nicht mehr die traditionellen Werte vermitteln. In die Kirche kommen sie auch immer weniger, obwohl das Christentum das doch vorschreibt. Und unser Pfarrer spricht ja auch immer so schön. Mir tut das richtig gut. Dass unsere Kinder ihre Kinder taufen lassen, dafür habe ich aber auf alle Fälle gesorgt.

Das Milieu 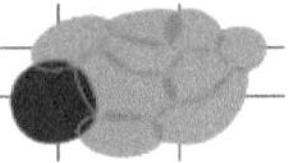

Kurzcharakteristik

Menschen, die dem traditionellen Milieu zugeordnet werden,

- gehören der Kriegs- oder Nachkriegsgeneration an, für die Sicherheit und Ordnung ein sehr hohes Gut darstellen,
- sind der alten kleinbürgerlichen Welt bzw. traditionellen Arbeiterkultur verhaftet,
- schreiben Werte wie Anstand, Pflichtgefühl, Genügsamkeit, Frömmigkeit und Respekt groß,
- sehen sich als die »kleinen Leute«,
- fühlen sich mehr und mehr in der Gesellschaft an den Rand gedrängt und sind mit den Modernisierungen überfordert,
- fragen sich, wozu sie noch nütze sind und was ihre Aufgaben sind.

15 % der Bevölkerung, Tendenz stark sinkend
Altersdurchschnitt 65 Jahre

Lieder des traditionellen Milieus

- Kastelruter Spatzen, »Atlantis der Berge«
- Die Flippers, »Lotusblume«
- Amigos, »Dann kam ein Engel«
- Heino und André Rieu, »Rosamunde«
- Andrea Berg, »Du hast mich 1000 Mal belogen«

Taufe und traditionelles Milieu

- Die Taufe gehört dazu, »man« tauft sein Kind.
- Die Taufe soll möglichst bald nach der Geburt vollzogen werden (Schutzritus).
- Die Taufe ist ein großes Familienfest.
- Formal hat die Taufe einen hohen Stellenwert, inhaltlich ist das Wissen sehr gering.
- Durch die Taufe wird das Kind in die Gemeinschaft des Dorfes/Stadtteils und der Kirchengemeinde integriert.

Das macht man so.

Dos and Don'ts – Das Werteprofil des traditionellen Milieus

Die Traditionellen tun sich schwer, wenn ...

- von dem »Normalen, das alle tun«, abgewichen wird,
- die Taufe in einem separaten Gottesdienst gefeiert wird,
- sie sich aktiv und kreativ beteiligen sollen.

Die Traditionellen freuen sich, wenn ...

- die Taufe als Teil eines Familienfestes gestaltet wird,
- die Taufe »würdig« vollzogen wird,
- der Pfarrer vor Ort den Gottesdienst hält und die Taufe vollzieht und sich auch im Anschluss an den Taufgottesdienst auf die Bedürfnisse der Menschen einlässt (z.B. im Talar für Fotos zur Verfügung steht, beim Kaffeetrinken anwesend ist),
- auf besondere familiäre Traditionen eingegangen wird,
- die Taufe in der Ortskirche stattfindet.

Theologische Anknüpfung

- Durch die Taufe wird der Täufling in eine Kirche eingegliedert, die auf eine jahrhundertealte Tradition zurückblickt.
- Die Taufe integriert in die Gesellschaft und schafft ein Bewusstsein von Zugehörigkeit und Verbundenheit (»Heimatgefühl«).
- Die Taufe verbürgt die Geborgenheit in Gott.
- Die traditionelle Taufliturgie strahlt Würde und Ordnung aus; sie überdauert den stetigen Wandel und schafft Konstanz.
- Mit der Taufe beginnt ein Weg, der die Vermittlung von (christlichen) Werten und die Bewahrung der Tradition beinhaltet.
- Die Kirche wird als gesellschaftlich relevante Größe betrachtet.
- Der Pfarrer ist der Hirte, der durch die Schwierigkeiten und Freuden des Lebens leitet und dem man sich in allen Lebenslagen anvertrauen kann.

»Evangelische Provokationen«

- Eine Tradition ohne Inhalt ist leer (vgl. die Auseinandersetzungen Jesu mit den Pharisäern).
- Als Christen sind wir herausgefordert, dem Mainstream – »das gehört sich so!« »das war schon immer so!« – auch zu widersprechen. Jesus hat mit manchen Konventionen seiner Zeit gebrochen, weil er sein Handeln ins Licht des kommenden Gottesreiches stellte.
- Die Taufe macht uns zu einem Teil des »wandernden Gottesvolkes«. Sie ist »Sakrament des Aufbruchs« (Eberhard Jüngel) und begründet unsere Sendung in die Welt.
- Problematische Aspekte eines »traditionellen« Taufverständnisses werden zum Thema gemacht (z.B. ein magisches Verständnis oder die Meinung, bei einer Mehrfachtaufe sei das Wasser nach der ersten Taufe »verschmutzt«).
- Gottes Liebe gilt gerade denen, deren Sehnsucht nach Ordnung und Harmonie lebensgeschichtlich durchbrochen wurde.

Die Taufe

Taufvorbereitung

Aufgrund des hohen Altersdurchschnitts in dem Milieu werden die »Traditionellen« keine eigenen Kinder mehr zur Taufe bringen. Auch Erwachsenentaufen kommen in diesem Milieu – zumindest in den »alten Bundesländern« – äußerst selten vor. Die »Traditionellen« sind möglicherweise aber als Groß- oder sogar schon Urgroßeltern bei einem Taufgespräch und ganz gewiss dann bei der Taufe dabei. Häufig bewegen sie ihre Kinder, die eigentlich schon den Kontakt zur Kirche verloren haben, dazu, die (Ur-) Enkelkinder dann doch taufen zu lassen. Das Gespräch und der Taufgottesdienst sollten primär am Milieu der Eltern und Paten ausgerichtet sein. Dennoch sind die »Traditionellen« bei beidem als treibende Kräfte im Hintergrund zu berücksichtigen.

Annäherung

- »Das Taufkleid und seine Geschichte« – Ein Seniorennachmittag.

  Judith Augustin, in: Judith Augustin und Heinz Behrends (Hg.), *Taufe und Tauferinnerung*, 75–79 KET, BÜM

- »Rundgang zur Taufe in der Kirche«

  Stationenlauf durch die Kirche zu verschiedenen Dimensionen der Taufe. Es geht dabei primär um das Kennenlernen der eigenen Kirche und um das angeleitete Wahrnehmen ihrer Besonderheiten im Blick auf die Taufe.

  Martin Schulz, in: Peter Barz und Bernd Schlüter (Hg.), *Werkbuch Taufe*, 82–85 + DVD KET, BÜM, PRA, LIB

Taufgespräch

- Rahmen und Charakter
  - Familie, Heim, Gastfreundschaft, Bewirtung usw. werden ausdrücklich gewürdigt.
  - Das unterschwellige oder offen bekräftigte Machtgefälle zwischen Pfarrer und Tauffamilie (»Er kennt sich aus!« »Er hat das studiert!«) sollte im Gespräch ausgeglichen und nicht ausgespielt werden.
  - Die Taufe kann ein Konfliktfeld der Generationen und Interessen sein. »Traditionelle« tragen ihre Sichtweise dominant ein und erwarten in der Regel eine Bestätigung (»So gehört es sich doch, Frau Pfarrerin!«). Aufgrund des ausgeprägten Harmoniebedürfnisses werden Konflikte aber häufig nicht offen ausgetragen. Vielleicht bietet das Taufgespräch eine Gelegenheit, diese »heile Welt« kritisch zu beleuchten.
- Themen des Gesprächs
  - öffnende Fragen: »Haben Sie bereits einen Taufspruch gewählt?« »Sind Ihnen Taufsprüche aus Ihrer Familiengeschichte bekannt?« »Gibt es bestimmte Tauftraditionen in Ihrer Familie?«
  - Anknüpfung an bereits miterlebte Taufen
  - die generationsbedingte Verschiedenheit der Vorstellungen zur Taufe, zur Rolle der Eltern, zu Erziehungsfragen usw. mit den Augen des Anderen sehen
  - agendarische Texte als Gesprächsleitfaden, um ein Gefühl der Sicherheit zu vermitteln

Der Taufgottesdienst

Rahmen, Ort und Zeit

Die Taufe findet im Rahmen des sonntäglichen Hauptgottesdienstes statt (möglichst kein Sondergottesdienst).

Tonalität des Gottesdienstes

- Der Gottesdienst wird als ein Familienfest gestaltet, das Nähe und Wärme ausstrahlt. Es darf auch gelacht oder »sogar« geklatscht werden.
- Das »Normale« ist das Besondere. Es bedarf keiner modischen Extravaganzen, keiner außergewöhnlichen Aktionen.
- Die Sprache ist bodenständig, lebensnah, einfach, familiär.

Liturgie

Keine Experimente bitte! (Möglicherweise versuchen »traditionelle« Großeltern in diesem Sinne auf die Gestaltung der Tauffeier Einfluss zu nehmen.) Man erwartet eine bewusste Orientierung an der Taufagende: Vollzug der klassischen szenischen Elemente und Zeichenhandlungen, unter Berücksichtigung der lokal gewachsenen

Ausprägungen und Besonderheiten. Auch eine aktive Beteiligung, etwa in Form eines Fürbittgebets, wird evtl. als belastend empfunden: lieber zuhören und genießen!

- Beteiligungsmöglichkeiten
  - Einladung an alle anwesenden Kinder, bei der Taufe »nach vorne« in den Chorraum zu kommen
  - Vortrag eines vorformulierten, schlicht gehaltenen Segensgebetes

Willi Hoffsümmer, *68 Taufansprachen*, 160–162

Lieder

- »Ich bin getauft auf deinen Namen« (EG 200)
- »Liebster Jesu, wir sind hier, deinem Worte nachzuleben« (EG 206)
- »Lobe den Herren« (EG 317)
- »Jesu geh voran auf der Lebensbahn« (EG 391)

Textbausteine für die Taufansprache

Im Sinne der Wertschätzung der (Ur-)Großeltern ist es vorstellbar, einen Abschnitt der Ansprache betont an diese Generation zu adressieren und ihre Empfindungen, Sorgen und Freuden aufzunehmen bzw. sie auf ihre mögliche Rolle in der »christlichen« Erziehung ihrer (Ur-)Enkel anzusprechen.

Gott sorgt für das Kind

Wir freuen uns, dass Sie heute Ihr Kind in unsere schöne Laurentiuskirche bringen. An diesem Taufstein wurden schon Ihre Eltern und Sie selber getauft. Hier haben Sie Ihre Konfirmation und Hochzeit gefeiert. Damit bringen Sie zum Ausdruck, dass Sie darauf vertrauen, dass die Kirche Ihnen an den entscheidenden Punkten Ihres Lebens Halt gibt. Traditionen geben unserem Leben Halt, wenn sich um uns herum alles nur allzu schnell verändert. Mit der Taufe nehmen wir auch den kleinen Henri mit in diese Tradition der Christenheit hinein. Vielleicht wird auch er eines Tages wieder seine Kinder an diesen Taufstein bringen. Es ist wichtig, diese Stationen wie die Taufe, die Konfirmation und die Hochzeit im Leben zu haben. Wir nehmen Gott so in die einschneidenden Wendepunkte unseres Lebens hinein.

Aber der christliche Glaube hat viel mehr zu bieten als Haltestationen am Anfang, in der Mitte und am Ende des Lebens. Der christliche Glaube will auch im Alltag Halt geben. Sie als Eltern und Paten können schon früh damit anfangen, mit Henri zu beten, ihm zu zeigen, wie Sie Gott bei alltäglichen Entscheidungen um Wegweisung bitten.

Mit der Taufe ist uns nun aber ein noch viel größerer Halt geschenkt, auch über die Haltestationen im Leben und über den Alltag hinaus. Die Taufe trägt über dieses Leben hinaus in das ewige Leben. Wir haben vorhin in der Lesung gehört »Wer glaubt und sich taufen lässt, wird gerettet werden.« (Mk 16,16) In diesem Vers hören wir von der Erfahrung, dass wir Menschen nicht alles in der Hand haben. Wir brauchen eine rettende Hand, weil wir nicht alles festhalten können. Auch unsere Kinder (und Enkel) können wir nicht vor allem bewahren. Wir müssen sie mit dem Tag ihrer Geburt immer mehr loslassen. Da ist es gut zu wissen, dass wir sie Gottes Fürsorge anvertrauen können. Gott ist es, der auch Henri hält bis in die Ewigkeit. Es wird Ihre Aufgabe sein, Henri das Vertrauen zu Gott lieb zu machen, damit auch sein Vertrauen darauf wächst, dass er sich ganz und gar auf Gott verlassen kann.

- Weitere Ideen
  - klassische Symbole: Wasser, Licht, Kreuz, Herz, Hand, Schaf, Hirtenstab

    Willi Hoffsümmer, *68 Taufansprachen*, 31f. (»Die Botschaft der Osterkerze«), 34f. (»Mit Wasser getauft«), 37f. (»Besiegelt mit dem Kreuz«), 48f. (»Gott nimmt dich an die Hand«)
  - Auslegung einer Strophe eines Tauflieds (z.B. »Jesu geh voran« [EG 391])
  - »Reicher werden in der Erkenntnis und Erfahrung« (zu Phil 1,9)

    Matthias Kreplin, in: Erhard Domay (Hg.), *Arbeitsbuch Kasualien*, 52f.
  - »Aus dem Wasser gezogen«

    Erzählvorschlag zur Mosegeschichte
    Frank Maibaum, *Das Taufbuch*, 54

Weiterführung

»Traditionelle« Großeltern können eine wichtige Rolle in der christlichen Erziehung ihrer Enkel spielen, und sie sind im Regelfall gern bereit, das, was ihnen wichtig ist, an die nächsten Generationen weiterzugeben. Vielleicht empfinden es die Eltern als entlastend, wenn sie in diesem Aspekt ihrer Erziehungsaufgabe unterstützt werden.

- Ermutigung zur Weitergabe des Glaubens im Alltag
  - Begleitung der Enkel zum Kindergottesdienst
  - Gebet mit den Kindern
  - Gebetsfaltkarte für Kinder

    www.mit-kindern-neu-anfangen.de/materialien.html BÜM, PRE
- Veranstaltungen
  - Glaubenskurs »Stufen des Lebens«

    AMD (Hg.), *Erwachsen glauben*, 164–169

    www.stufendeslebens.de
  - »Besuche deine Taufkirche«

    eine Erkundungsreise am Tag des offenen Denkmals

    Judith Augustin und Birgit Hecke-Behrends, in: Judith Augustin und Heinz Behrends (Hg.), *Taufe und Tauferinnerung*, 30f. PRA
  - Nachmittag zum Thema »Wie vermittle ich meinen Enkeln Traditionen, die mir wichtig sind?«

    Material aus Monika Nikolei, in: Peter Barz und Bernd Schlüter (Hg.), *Werkbuch Taufe*, 116–124 + DVD

2. Prekäres Milieu

Ich lebe mit meiner Tochter Chantal zusammen in einer kleinen Zweizimmerwohnung. Sie ist nun vier Jahre alt. Kurz nach ihrer Geburt ist ihr Erzeuger abgehauen. Erst hat er mir ewige Liebe geschworen und wollte auch zu der Kleinen stehen, aber dann ... Jetzt habe ich natürlich jede Menge Probleme. Einen richtigen Job findet man als alleinerziehende Mutter ja nicht. Im Nagelstudio von meiner Freundin kann ich hin und wieder aushelfen. Ist aber nichts Festes. Ich bin ja gelernte Friseurin, aber das mache ich nur noch bei Bekannten zu Hause als kleiner Zuverdienst zu Hartz IV. Zum Glück wohnt meine Mutter noch um die Ecke, sie nimmt die Kleine dann immer mal wieder. Auch wenn ich abends mal ausgehen will. Am liebsten gehe ich auf den Tanzabend im Gasthaus bei uns. Zum Geburtstag hat meine Mutter mir eine Karte für ein Konzert von DJ Ötzi geschenkt. Das war ein echtes Highlight.

Mit Kirche habe ich nicht so viel zu tun. Ich war mal bei der Schwangerschaftsberatung der Diakonie und auf so einem Second-Hand-Basar. Aber sonst? Ich fände es schon schön, wenn Chantal getauft wäre, aber das ist ja eher was für heile Familien. Außerdem ist das Kleid viel zu teuer, und das Fest auch. Ich habe meiner Prinzessin dafür eine Kette mit einem Engelchen geschenkt und einen Traumfänger über ihrem Bettchen aufgehängt.

Das Milieu 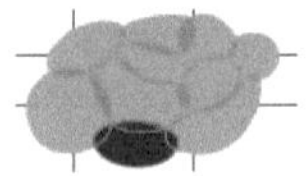

Kurzcharakteristik

Menschen, die dem prekären Milieu zugeordnet werden,

- gehören häufig zu den sozial Benachteiligten,
- haben Zukunftsängste und fühlen sich als Opfer des globalen Wandels,
- sind überdurchschnittlich häufig alleinlebend oder verwitwet (höchster Anteil an Geschiedenen),
- haben meist niedrige Bildungsabschlüsse,
- versuchen, als Überlebenskünstler irgendwie durchzukommen und mitzuhalten,
- sind bemüht, den Anschluss an die bürgerliche Mitte nicht zu verlieren.

9 % der Bevölkerung
Altersdurchschnitt 51 Jahre

Lieder der Prekären

- Wolfgang Petry, »Verlieben Verloren Vergessen Verzeihn«
- Truck Stop, »Take It Easy”
- Mickie Krause, »Ich bin solo«
- DJ Ötzi, »Ein Stern (der deinen Namen trägt)«
- Gunter Gabriel, »Hey Boss, ich brauch mehr Geld«

Taufe und prekäres Milieu

- Die Taufe wird als ein Familienfest angesehen; dort, wo keine »heile Familie« vorhanden ist, hält dies von einer Taufe ab (besonders Alleinerziehende scheuen den öffentlichen Auftritt).
- Finanzielle Probleme können auch zu einem Taufaufschub führen, denn wenn getauft wird, muss das auch angemessen gefeiert werden.
- Die Taufe soll so gestaltet werden, wie es üblich ist.
- Es besteht der Wunsch, das Kind zu taufen, damit es dazugehört und ihm keine Nachteile entstehen (schon jetzt kann damit der Gedanke verbunden sein, dass das Getauftsein eine würdige Bestattung verbürgt).
- Der Pfarrer vollzieht einen Ritus und vertritt diejenige Gemeinschaft, der das Kind nun eingegliedert wird.
- Die Taufe wird als Schutzritus verstanden.

Wir wollen dazugehören. Auch mit der Taufe.

Dos and Don'ts – Das Werteprofil des prekären Milieus

Die Prekären tun sich schwer, wenn ...

- sie aufgrund von Unkenntnis befürchten müssen, sich zu blamieren,
- sie intellektuell überfordert werden,
- der Gottesdienst nicht genauso würdevoll gestaltet ist wie bei den anderen,
- sie mit der Organisation überfordert sind und die nötigen finanziellen Ressourcen nicht vorhanden sind.

Die Prekären freuen sich, wenn ...

- mit ihnen wertschätzend umgegangen wird,
- ihnen der Ablauf genau erklärt wird,
- auf eine verständliche Sprache wert gelegt wird,
- auf besondere Traditionen Rücksicht genommen wird (beispielsweise das Segnen des Goldkettchens in russlanddeutschen Familien),
- ihnen in ihrer finanziellen Situation geholfen wird, etwa durch das Verleihen von Taufkleidern oder dadurch, dass ihnen das Gemeindehaus kostenlos für das Fest zur Verfügung gestellt wird,
- ihnen ein Fest ermöglicht wird, bei dem sie in ihrer schwierigen sozialen oder familiären Lage nicht auffallen, wie etwa bei einem großen zentralen Tauffest.

Theologische Anknüpfung

- Durch die Taufe gehört das Kind zur großen Familie Gottes.
- In der Taufe wird das Kind aus Gottes Hand angenommen und seiner schützenden Begleitung anvertraut.

- Die Gnade Gottes ist »gratis«. Kein Mensch muss sie sich erkämpfen, kein Mensch kann sie sich verdienen.
- Vor Gott sind alle Menschen gleich viel wert. Die Taufe bekommen alle.
- Mit der Taufe werden wir aus belastenden Verstrickungen befreit. In diesem Milieu ist die Erfahrung prägend, dass die Bürde der Benachteiligung von Generation zu Generation weitergegeben wird. Der Wunsch, dass das eigene Kind es einmal besser hat, ist umso größer.
- Der einzelne Mensch wird wertgeschätzt, wo er sonst nur eine »Nummer« ist.
- Die traditionelle Taufliturgie strahlt Würde und Ordnung aus und gibt das Gefühl, zu einer Tradition dazuzugehören.

»Evangelische Provokationen«

- Die Taufe ist mehr als die Zugehörigkeit zu einer sichtbaren Gemeinschaft, insofern der Einzelne durch die Taufe in Jesus Christus eingepflanzt wird.
- Die Taufe ist mehr als ein Schutzritus. Ihre Bedeutung geht über das leibliche Wohl in diesem Leben hinaus.
- Der Wert des Menschen ist nicht durch das Haben bestimmt.

Die Taufe

Taufvorbereitung

Annäherung

- »Läuten für die Lüdden« (Neugeborenengeläut)

  Freilich läuten bei einer entsprechenden Praxis die Glocken für alle Neugeborenen. Der Aspekt des Dazugehörens schlägt allerdings in Milieus wie dem »prekären« auf besondere Weise durch.

  www.geistreich.de

- Begrüßungsbrief zur Geburt

  In dem Brief wird das Neugeborene in der Kirchengemeinde willkommen geheißen. Ferner kann der Brief enthalten: Hinweise auf Gruppen und Kontaktpersonen, Informationen und Internetseite zum Thema »Taufe« sowie eine Einladung, sich in einen Email-Verteiler »Taufe« aufnehmen zu lassen. Idealerweise wird der Brief milieuspezifisch gestaltet (z.B. mit Bild in Postkartengröße, das ein Kind aus dem Kindergarten gemalt hat).

  Dagmar Rosenberg, in: Peter Barz und Bernd Schlüter (Hg.), *Werkbuch Taufe*, 102 + DVD — KET, BÜM, PRA, SÖK, TRA, HED

- Erläuterungen zur Taufe (multimedial)

  Bei der Anmeldung zur Taufe wird eine CD-ROM/DVD mit Clips und anschaulichen Erläuterungen zur Taufe überreicht (dieses Medium ist vertrauter als Texte).

  Ideen und Material: *Werkbuch Taufe*, DVD — BÜM, PER

- Filmtipp

  Zur Vorbereitung wird ein Film empfohlen (oder besser als DVD ausgeliehen), der die Schutzthematik aufnimmt (z.B. »Stadt der Engel«). — PRA, PER, BÜM

Taufgespräch

- Rahmen und Charakter
  - Ein persönliches Einzelgespräch im vertrauten Kontext ist am hilfreichsten, da so auf individuelle Fragen, Bedürfnisse und Nöte eingegangen werden kann.
  - Es soll nicht über die Köpfe der Menschen hinweg geredet werden. Die Inhalte der Taufe werden erfahrungsbezogen und lebenspraktisch, nicht dozierend und kopflastig nahegebracht.
  - Ein wichtiges Ziel ist es, Sicherheit für den Taufgottesdienst zu vermitteln.
  - Der Ton des Gesprächs ist von Wertschätzung geprägt und sucht die (evtl. zugeschriebene) Asymmetrie zwischen Pfarrperson und Tauffamilie nach Möglichkeit auszugleichen.
  - Es ist ein feines Sensorium erforderlich, um zu erspüren, was der Tauffamilie Angst und Sorgen macht, aber auch, worüber sie sich besonders freut bzw. worauf sie stolz ist (z.B. Kinderzimmer, Fotoalbum, Musiksammlung).
- Themen des Gesprächs
  - Fragen, die zum Erzählen animieren: »Was war Ihre letzte Tauferfahrung?« »Wie sind Sie auf den Namen ihres Kindes gekommen?« »Welche Wünsche/Erwartungen haben Sie an die Paten?«
  - Brücken zwischen der Lebenswelt der Tauffamilie und dem Sinngehalt der Taufe, z.B. über die gemeinsame Auswahl des Taufverses (z.B. Ps 91,11; Joh 16,33; Jes 43,1)
  - Nachfrage nach eventuellen Bedenken vor dem Taufgottesdienst (vom schreienden Kind bis zur verwickelten Familienkonstellation)
  - detaillierter Gang durch die Liturgie anhand eines ausgedruckten Ablaufs, den die Tauffamilie behalten kann
  - Grundsymbole der Taufe in ihrer lebensbejahenden Dimension

    > »das Wasser als gute Schöpfungsgabe Gottes,
    > das Kreuz als Zeichen der Anerkennung und Überwindung von Leid und Tod,
    > das Licht als Ausdruck tragfähiger Lebensorientierung,
    > die Hand(auflegung) als Symbol der Zuwendung zum Nächsten
    > der Name als Beleg für die Einzigartigkeit jedes Menschen vor Gott«
    >
    > Christian Grethlein, »Unterwegs zu einer Neuentdeckung der Taufe«, in: Erhard Domay (Hg.), *Taufe*, Gottesdienstpraxis Serie B, Gütersloh 1993, 9–17, 12

  - praktische und wirtschaftliche Hilfestellungen: Ein Team unterstützt die Tauffamilie bei der Organisation; das Fest kann mietfrei im Gemeindehaus stattfinden usw.

Der Taufgottesdienst

Rahmen, Ort und Zeit

Alle gottesdienstlichen Formen sind denkbar, in denen deutlich wird, dass der Täufling mit Eltern(teil) in eine größere Gemeinschaft mit hineingenommen wird.

Durch die Wahl des Formats muss verhindert werden, dass sich die Brüchigkeit der familiären Verhältnisse und die prekäre finanzielle Lage in den Vordergrund spielen.

- sonntäglicher Hauptgottesdienst
- Taufe im Kindergarten mit anschließendem gemeinsamem Fest
- zentrales Tauffest der Landeskirche bzw. des Kirchenkreises/-bezirks z.B. »Tauffest in Loccum«

  Im jährlichen Abstand werden die Eltern des Kirchenkreises mit nichtgetauften Kindern im Alter von 1 bis 12 Jahren angeschrieben und eingeladen, ihre Kinder bei einem Tauffest im Kloster Loccum taufen zu lassen.

  www.geistreich.de (vgl. www.geistreich.de/FokusTauffest mit zahlreichen weiteren Modellen) BÜM, PRA, SÖK

Tonalität des Gottesdienstes

- Die Feier ist geprägt durch individuelle Wertschätzung (z.B. persönliche Begrüßung durch den Pfarrer), durch Verständlichkeit und Nachvollziehbarkeit – in sprachlicher, inhaltlicher und liturgischer Hinsicht (z.B. kann vor dem Gottesdienst ein Liturgieblatt an die Tauffamilie ausgehändigt werden, oder es stellt sich jemand auch während des Gottesdienstes für Fragen zur Verfügung).
- Wiedererkennbarkeit und »Normalität« sind wichtige Kriterien, denn die Taufe soll entsprechend der »Norm«, ordentlich, vollgültig und mit allem, was dazugehört, durchgeführt werden.

Liturgie

- milieuspezifische liturgische Elemente
  - Thematisierung des Namens

    Viele Namen haben einen christlichen oder biblischen Hintergrund, der den Eltern häufig nicht bekannt ist. Eine ganz neue Perspektive auf den Täufling kann sich so auftun.
  - Segnung der Eltern bzw. der ganzen Familie
  - Anspiel »Gott hat dich bei deinem Namen gerufen« (Jes 43,1)

    Thomas Knippenberg, in: Peter Barz und Bernd Schlüter (Hg.), Werk*buch Taufe*, DVD BÜM
  - Taufurkunde und Taufkerze als Erinnerungszeichen für die lebensbegleitende Dimension der Taufe

- Beteiligungsmöglichkeiten
  - Wünsche und Erwartungen der Eltern/des Elternteils an die Paten

    Evtl. werden diese im Taufgespräch benannt und formuliert und von der Pfarrerin in die Tauffeier eingeflochten.

    Frank Maibaum, *Das Taufbuch*, 14 KET, BÜM, TRA
  - Elternwünsche

    Lutz Petersen, in: Erhard Domay (Hg.), *Taufe*, 125f.

Lieder

- »Ich möchte, dass einer mit mir geht« (EG 209)
- »Danke für diesen guten Morgen« (EG 334)
  Vorsicht evtl. bei Strophe 3: »Danke für meine Arbeitsstelle«
- »Vergiss es nie, dass du lebst …«
- »Wenn einer sagt …« (Kindermutmachlied)

Textbausteine für die Taufansprache

Gewonnen!

»Irgendwo in Deutschland ist im April ein Lotto-Spieler um 3,5 Millionen Euro reicher geworden. Davon zu wissen scheint er nicht – WestLotto fahndet nun öffentlich nach dem Tipper oder der Tipperin« (FAZ, 20.6.2012).

Ist das zu glauben? Da passiert es einem einmal im Leben, die richtigen sechs Felder anzukreuzen … Das ist doch der Traum aller Lottospieler, die große Hoffnung. Aber nicht nur Lottospieler kennen dieses Gefühl. Wir sagen ja auch sonst manchmal »Das ist wie ein Sechser im Lotto.« Dann, wenn etwas unerwartet passiert, wenn sich das Blatt plötzlich wendet. Wenn wir so in der Ausweglosigkeit stecken und keinen Weg hinaus wissen, dann bleibt häufig als letztes diese Hoffnung, dass plötzlich alles anders wird. Oder wir hoffen wenigstens für unsere Kinder, dass die es einmal besser haben.

Und für diesen Lotto-Spieler wird nun dieser Traum wahr. Alles könnte anders sein, aber er weiß nichts davon. Deshalb startet die Lottogesellschaft eine umfangreiche Suche. Für die Suchaktion hat die WestLotto tausende Kundenbildschirme in den über 3.600 WestLotto-Annahmestellen aufgestellt, auf denen Suchinformationen und Fahndungsaufrufe geschaltet sind. Gleichzeitig werden im Unternehmensmagazin »Glück«, das eine Auflage von einer halben Million erreicht, Anzeigen geschaltet.

Können Sie sich vorstellen, dass Sie auch ein glücklicher Gewinner sind und es gar nicht wissen? Gott hat eine umfassende Suchaktion nach seinen Menschen gestartet, weil sie das Leben, das er für sie gedacht hat, nicht einlösen. Sie bleiben lieber in ihren Sorgen und Ängsten, statt auf ihn zu vertrauen. Gott geht so weit, dass er als Mensch, in Jesus auf die Erde kommt und den Menschen hinterherläuft, damit sie sehen können, wie ein erfülltes Leben aussieht. Jesus sagt: Ich bin gekommen, damit sie Leben in Hülle und Fülle haben.

Mit der Taufe bekommt jeder Mensch sozusagen einen Lottoschein, auf dem schon die richtigen sechs Felder angekreuzt sind. Mit der Taufe sagt Gott uns zu, dass er unser Leben reich machen will. Einlösen können wir den Schein ganz einfach, indem wir Gott sagen: Ja, ich möchte, dass du mein Leben bestimmst, dass du mir zeigst, worauf es ankommt, dass du mein Leben reich machst.

- Weitere Ideen
  - Beispiele aus der Lebens- und Arbeitswelt: »Die Lebensfahrt« (Vater LKW-Fahrer), »die Pflege/Schönheit des äußeren und inneren Menschen« (Mutter Friseurin) usw.
  - Anknüpfung an den Wunsch, dass plötzlich alles anders ist, z.B. mit Bezug auf Castingshows, Filme wie »Pretty Woman«, »Plötzlich Prinzessin« oder TV-Serien wie »Die Auswanderer«
  - Gedicht »Spuren im Sand«

- »Gegen die Furcht« (Motiv: Kindermutmachlied)

  Helmut Marschall, in: Erhard Domay (Hg.), *Arbeitsbuch Kasualien*, 54.
- »Ich habe dich bei deinem Namen gerufen« (Jes 43,1)
- »Vom Lebensdurst« (Joh 4)
- »Unter Gottes Schirm« (Ps 91)
- »Du bist begabt!«

  Wider das Gefühl der Wert- und Bedeutungslosigkeit: Gott beschenkt jeden einzelnen von uns mit vielfältigen Gaben, und wir dürfen sie in seiner Gemeinde einbringen.

Weiterführung

Es liegt an der Kirchengemeinde und ihren Gemeindegliedern, den Kontakt zu pflegen. Eine »attraktionale« Struktur wird die Menschen nach der Taufe nicht mehr erreichen. Eine befreundete Familie aus der Gemeinde überbringt die Einladungen zu den Veranstaltungen und bietet an, die Tauffamilie zur Veranstaltung abzuholen. Es gilt überdies, die Ressourcen der Menschen wertzuschätzen, anzufragen und so einlinige Hilfestrukturen zu vermeiden (d.h. für die Gemeinde: Helfen, aber sich auch helfen lassen!).

- Abendgebet

  Nach dem Gottesdienst wird der Tauffamilie ein schön gestaltetes und gerahmtes Segens-, Schutz-, Vertrauensgebet überreicht, das über das Bett des Kindes gehängt und jeden Abend gemeinsam gesprochen werden kann.
- Babysitter-Service (insbesondere für Alleinerziehende)
- Hinweise auf Leihbörsen und Second-Hand-Basare
- enge Zusammenarbeit zwischen Gemeinde und Diakonie
- Mitarbeit in der Gemeinde
  - handwerkliches Know-how der Väter
  - Kinderbetreuung während des Gottesdienstes
- Veranstaltungen
  - »Im Licht der Taufe« – Tauferinnerungsfest in einer Stadt

    Vier Tauferinnerungswege führen über ein halbes Jahr durch alle Kirchengemeinden einer Stadt und laufen am Pfingstmontag bei einem großen ökumenischen Fest zusammen (Festgottesdienst, Bühnenprogramm, Markt der Möglichkeiten, Ausstellung, Podiumsdiskussion und abendliche Vesper).

    www.geistreich.de
  - Krabbelgruppen im Gemeindehaus
  - gemeinsames Feiern der traditionellen Familienfeste (Weihnachten, Ostern)
  - Tagesabschluss auf dem Spielplatz (schlichtes Abendritual mit Lied, Geschichte und Gute-Nacht-Gebet)
  - »Winterspielplatz« in den Gemeinderäumen

    Die beengten Wohnverhältnisse und das Wetter lassen die Wintermonate sehr lang erscheinen. Ein regelmäßiges betreutes Spielangebot in Räumen des Gemeindehauses bei einer Tasse Kaffee bringt ein wenig Licht in die triste Zeit.
  - Public Viewing

3. Hedonistisches Milieu

Grad komme ich vom Mediamarkt. Wenn ich Spätschicht habe, drehe ich da gerne mal eine entspannte Runde. Sehen Sie, hier das neue Samsung Galaxy, das habe ich mir letztes Mal gekauft. Eigentlich läuft der Vertrag für mein altes Handy noch, aber da konnte ich einfach nicht widerstehen. Die Kamera ist einfach der Hammer – Full HD. Hier hab ich ein Video von dem letzten Flashmob. Kennen Sie das? Wildfremde Leute verabreden sich über Facebook an einem Ort zu einer bestimmte Zeit und machen irgendetwas Abgefahrenes. Letztes Mal habe ich da meine aktuelle Freundin kennengelernt. Ich weiß nicht, was morgen ist, aber das ist ja gerade das Spannende. Fast jedes Wochenende mache ich was anderes, eine App informiert mich immer über die aktuellen Events. Vielleicht gehe ich dieses Wochenende mal wieder zum Indoorsurfen oder ich zocke online mit Freunden.

Das Milieu

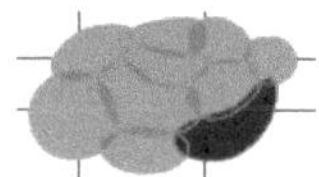

Kurzcharakteristik

Menschen, die dem hedonistischen Milieu zugeordnet werden,

- leben im Hier und Jetzt, lassen sich treiben,
- lieben das Extreme, wollen ihre Gefühle, Begabungen und Phantasien ausleben,
- haben eine geringe Frustrationstoleranz und Verzichtsbereitschaft,
- haben ein starkes Bedürfnis nach Kommunikation und Inspiration,
- leben und inszenieren Widersprüche,
- spielen mit unterschiedlichen Lebensstilen,
- haben Spaß an Tabuverletzungen und Provokationen.

15 % der Bevölkerung (das größte Milieu)
Altersdurchschnitt 39 Jahre

Lieder der Hedonisten

- Blur, »Song 2«
- Nena, »Irgendwie, irgendwo, irgendwann«
- Terrorgruppe, »Mein Skateboard ist wichtiger als Deutschland«
- Scooter, »Maria (I Like It Loud)«
- Metallica, »Whiskey In The Jar«
- Cypress Hill, »Insane In The Membrane«
- Nirvana, »Smells Like Teens Spirit«
- Deichkind, »Arbeit nervt«, »Leider geil«

Taufe und hedonistisches Milieu

- Kirche spielt im Leben der Hedonisten im Regelfall keine Rolle. Sie ist etwas für Spießer, und sie ist gegen alles, was Spaß macht. Sollte es Gott geben, dann ist er nicht so wie die kirchlichen Moralapostel.
- Kirche ist am ehesten eine Dienstleisterin, und als Mitglied hat man bestimmte Ansprüche erworben.
- Glaube ist etwas Individuelles und Privates: »Soll doch jeder glauben, was er will.« Mit Kirche muss der Glaube nicht viel zu tun haben. Wohnen Hedonisten in den neuen Bundesländern, glauben sie tendenziell gar nicht an Gott und haben auch keine christlich sozialisierten Freunde.
- Wer konfirmiert wurde, sagt im Rückblick, dass er eher aus Pflicht denn aus Überzeugung teilgenommen hat.
- Jeder zweite Angehörige des hedonistischen Milieus hat Kinder. Die Geburt eines Kindes öffnet den Blick für die Fragilität des Lebens und kann das Bedürfnis nach Schutz und Begleitung wecken.

Ich lebe im Hier und Jetzt.

Dos and Don'ts – Das Werteprofil des hedonistischen Milieus

Die Hedonisten tun sich schwer, wenn …

- die Tauffeier steif ist und die Gestaltung 08/15 ist,
- nur geredet wird,
- eine alte, unverständliche Sprache verwendet wird in Ansprache, Liedern und Liturgie,
- man sich einfach auf die Tradition, Regeln und das »Normale« beruft,
- konkrete ethische Forderungen an sie heran getragen werden,
- die Taufe als lebenslange Bindung an ein Lebenskonzept verstanden wird.

Die Hedonisten freuen sich, wenn …

- sie in die Vorbereitung mit einbezogen werden,
- der Pfarrer authentisch, locker und flexibel ist,
- moderne Musik gespielt wird,
- sie etwas erleben können,
- mit Clips, Videos und Licht gearbeitet wird,

Theologische Anknüpfung

- Hedonistische Menschen wollen Spaß am Leben haben und nehmen sich selber und andere dabei nicht zu wichtig und ernst. Positiv kann dies als großes Grundvertrauen in das Leben verstanden werden.
- Ein Leben mit Gott verspricht Freude in Fülle bis in die Ewigkeit (Ps 16,11).

- Die »Freiheit eines Christenmenschen« wird mit dem ausgeprägten Freiheitsbedürfnis der Hedonisten in Beziehung gesetzt.
- Die Taufe ist ein Symbol des Aufbrechens und des Unterwegsseins; als Getaufte verstehen wir uns als im Werden und sind mit Gott und auf ihn hin unterwegs. Dieser Wesenszug der Taufe korreliert mit dem offenen Lebenskonzept der Hedonisten.
- Hedonisten wollen sich und ihre Begabungen entfalten. Hier kann auf die Bedeutung der Charismen für die Gemeinde eingegangen werden.
- Mit der hedonistischen Lebenseinstellung geht Kritik an der Leistungsgesellschaft einher. Dieser Kritik können sich auch Christen anschließen, denn gewinnen ihre Identität nicht über ihre Leistung.
- Christsein definiert sich nicht über die Konformität mit Traditionen und Konventionen. Die prägenden Gestalten des frühen Christentums standen am Rande der Gesellschaft, eckten an und provozierten durch Nonkonformität.
- Christliche Spiritualität ist reichhaltiger, als der traditionelle Gottesdienst am Sonntagmorgen vermuten lässt, und schließt Sinnlichkeit und Emotionalität mit ein – sie »verleiht Flügel«!

»Evangelische Provokationen«

- Für einen Teil der Hedonisten ist die Orientierung am Mainstream sehr wichtig, für einen anderen Teil ist es gerade wichtig, anders zu sein. Man gehört dazu, wenn man möglichst cool ist. Die bedingungslose Annahme Gottes kann vom Zwang, cool oder anders sein zu müssen, befreien.
- Taufe ist eine Entscheidung für das ganze Leben. Hiergegen sträubt sich die Lebensweltlogik der Hedonisten, da sie jede Festlegung meiden und von Tag zu Tag leben. Jedoch: Die Taufe ist *Gottes* Entscheidung für das Leben des Getauften. Er hilft von Tag zu Tag.
- Taufe ist nicht nur individuell zu verstehen. Mit der Taufe gehören wir zu einer Gemeinschaft, die auch von Verbindlichkeit lebt.
- Spaß im Leben kann nicht alles sein. Gott hat uns auch Verantwortung für unser Leben und das unserer Mitwelt übertragen.

Die Taufe

Taufvorbereitung

Annäherungen

- Kontaktaufnahme und Begleitung des Prozesses durch Gemeindeglieder, die dem hedonistischen Milieu nahestehen und die mit der sich stets verändernden Sprache dieser »Subkultur« vertraut sind.

  Der Weg zu den Köpfen und Herzen von Menschen aus dem hedonistischen Milieu führt über persönliche Sympathie. Es muss »funken«, und es muss um ehrliches Interesse an den Menschen, um Wertschätzung und Authentizität gehen.

- Ausleihe von Taufkleidern

  Im hedonistischen Milieu wird ein solches Angebot andere Assoziationen auslösen (»Retro«) als in anderen Milieus. Evtl. in Zusammenarbeit mit einem Seniorenkreis. BÜM, PRE

Taufgespräch

- Rahmen und Charakter
  - Das Gespräch findet am besten in einem bevorzugten Café, einer Bar oder einem anderen Ort, der dem Täufling viel bedeutet, statt – vielleicht auch am geplanten Taufort. Gerne auch spät abends!
- Themen des Gesprächs
  - persönliche – gute wie abschreckende – Erfahrungen mit der (Institution) Kirche und dem Glauben
  - die Herausforderungen der konkreten Lebenssituation: Single-Mom, Patchwork-Familie, Beziehungsstress, Erziehung
  - Musik als wichtiges Lebensthema

    Über Musik reden Hedonisten gerne, und über Musik lässt sich auch sehr gut inhaltlich ins Gespräch kommen. Es bietet sich an, ein Stück oder einen Song auch für den Gottesdienst als Grundlage zu wählen.
  - Die Simpsons, »Bei den Simpsons stimmt was nicht« (USA 1995)

    Martin Schulz, in: Peter Barz und Bernd Schlüter (Hg.), *Werkbuch Taufe*, 183 + DVD PRE, HED

Der Taufgottesdienst

Rahmen, Ort und Zeit

Es ist unbedingt zu einer Taufe in einem speziellen Gottesdienst zu raten (z.B. bei einem aufwändig gestalteten zentralen Tauffest). Der Ort darf durchaus extravagant sein.

- Taufe in einem Fluss, an einem Brunnen oder unterm Wasserfall
- Taufe an einem mystisch aufgeladenen Ort wie einer Klosterkirche oder Friedhofskapelle

Tonalität des Gottesdienstes

- Die Sprache ist alltagsnah, bilderreich und kraftvoll (z.B. Volxbibel als Bibelübersetzung). Ein absolutes »No go« ist allerdings der Versuch von Außenstehenden (»Nicht-Hedonisten«), die internen Sprachcodes nachzuahmen, um im Milieu der Hedonisten anzukommen.
- Die Atmosphäre strahlt Spontaneität und Emotionalität aus, die einzelnen Elemente dürfen provokativ, unkonventionell und spirituell »aufgeladen« sein.
- Alles, was nicht »spießbürgerlich« rüberkommt, ist erlaubt.
- Es muss Energie fließen.

- Die Message wird mehrkanalig transportiert, z.B. können eingespielte Lieder und vorgetragene Texte durch eine Beamerpräsentation unterstützt werden.
- Ein Ereignis, das nicht digital dokumentiert wird, hat nicht stattgefunden: Das Fotografieren und Filmen wird produktiv in die Tauffeier eingebaut.

Liturgie

- milieuspezifische liturgische Elemente
    - Taufe durch Untertauchen
    - Überziehen des weißen Taufkleides nach der Taufe

      Frank Maibaum, *Das Taufbuch*, 79f. KET, BÜM, TRA
    - christlicher Glaube und hedonistisches Milieu

      Hedonistisch »kompatible« Stars, die öffentlich von ihrem christlichen Glauben *sprechen*, kommen zu Wort (z.B. Xavier Naidoo). Besser noch: Ein gläubiger Hedonist erzählt im Gottesdienst seine Lebensgeschichte.
- Beteiligungsmöglichkeiten
    - »hedonistische« Musik, Clips und Fotos

      Der Täufling bzw. die Tauffamilie bringen eigene Medien mit, die ihr Lebensgefühl *verkörpern*. Vielleicht finden sie eigene Worte dafür, was diese Bilder und Klänge in ihnen auslösen. In der Ansprache wird daran angeknüpft.
    - Gegenstände aus der hedonistischen Lebenswelt

      Charakteristische Produkte, Accessoires oder Einrichtungsgegenstände aus der Lebenswelt der Hedonisten werden mitgebracht, im Gottesdienstraum *präsentiert* und in die Gestaltung der Feier mit einbezogen.

Lieder

Gemeinsames, öffentliches Singen wird im Stadion, nicht aber im Gottesdienst praktiziert. Eventuell kennen Taufeltern jedoch noch Lieder aus ihrer Konfirmandenzeit, die sie gerne singen möchten. Ansonsten ist ein Rückgriff auf Präsentationen mit eingespielten Liedern vorstellbar. Musik will gespürt, nicht nur gehört werden!

Textbausteine für die Taufansprache

Flügel

Auf der Website von Red Bull (www.redbull.de) finden sich Clips, die den Traum von Stärke visualisieren.

Öffnen, ansetzen, leertrinken, besser fühlen: fitter, wacher, schneller, stärker. Einfach ein super Gefühl nach so einer Dose Red Bull: eben beflügelt. In der Bibel gibt es ein Prophetenbuch – Jesaja –, in dem heißt es: »Wer Gott dem Herrn vertraut, der tankt neue Kraft, er bekommt Flügel wie Adler.« Gott verleiht also Flügel wie eine Dose Red Bull! Flügel, voller Kraft, Flügel, die frei machen. Mit Gott sind wir ganz anders unterwegs im Leben: Wir sind frei – frei, weil wir unsere Ängste und Sorgen hinter uns lassen können. Frei, weil wir jedem falschen Zwang davonfliegen können.

Mit Gott sind wir frei. Und gleichzeitig sind wir getragen. Gott selbst trägt uns zu sich hin. Er ruft uns zu: »Lebe mit mir, und dein Leben kriegt ganz neue Möglichkeiten. Ich mache deinen Horizont weit, ich mache dein Herz weit, ich mache dein Denken weit. Mit meinen Flügeln lebst du anders: kraftvoller, überraschender, freier – und doch gleichzeitig mit einem klaren Ziel. Denn ich trage dich auf deinen Flügeln hin zu mir. Ich bin der Herr der Flügel und dein Gott.« So ruft es Gott uns Menschen zu.

- Weitere Ideen
  - der Weg aus dem Zwang in die Freiheit, eine Reise ins Unbekannte (biblische Grundlage: Auszug aus Ägypten)
  - »Erfüllt vom Heiligen Geist« (Apg 2)

    Die Leute denken, die Apostel wären betrunken, weil sie »high« sind und unverständliche Dinge reden. Der Heilige Geist eröffnet neue Dimensionen – Freiheit, Freude, Mut, Kreativität.
  - »Mein Beziehungsstatus mit Gott«

    In Anknüpfung an den »Beziehungsstatus« auf Facebook. Der Status des Getauften ist keinen Schwankungen ausgesetzt, er bleibt für immer. Mit Bezug auf die Facebook-Chronik und Aktivitäten wird die Gestalt der Beziehung zu Gott beschrieben (z.B. Teilen von Bildern, Videos, Erlebnissen, Erfahrungen).
  - »Plötzlich berühmt«: Castingshows
  - Zukunftsängste (Arbeitsstelle)
  - Videoclips, die das Lebensgefühl der »Hedonisten« widerspiegeln z.B. Redbull, Rockstar, Jägermeister

    www.redbull.de

    www.rockstarenergy.com/videos.php

    www.jaegermeister.de

Weiterführung

Alles läuft über den persönlichen Kontakt, am besten über Mitglieder der Gemeinde, die dem hedonistischen Milieu nahe stehen. Eine Einladung zu Veranstaltungen der Gemeinde wird in der Regel nicht erfolgreich sein. Sind diese Veranstaltungen mit langfristigen Anmeldungen verbunden, kann man erst recht nicht mit einer Teilnahme von Hedonisten rechnen.

- sportliche Aktivitäten (z.B. gemeinsames Klettern, Skateboarden, Fitnessstudio, Tanz), kreative Angebote und Plattformen für Künstler (z.B. Graffiti, Fotografieren, Video, Musik), Lanpartys, Musikfestivals (z.B. Freakstock), Treffpunkte im eigenen Wohnviertel, Diskos und Kneipen

  Skaterkirche Legacy XS in Benfleet, UK, www.legacyxs.com
- Kontakt über soziale Netzwerke (z.B. Posting von interessanten Videos, Clips, Musik, Texten), Podcasts
- Apps fürs Handy

Auswahlbibliographie

a) Milieus, Lebenswelten und Kirche

- Silke Borgstedt, Roland Diethelm und Matthias Krieg (Hg.), *Lebenswelten: Modelle kirchlicher Zukunft*. Im Auftrag des Kirchenrats der Evangelisch-reformierten Landeskirche des Kantons Zürich, Zürich 2012
- Michael N. Ebertz und Hans-Georg Hunstig (Hg.), *Hinaus ins Weite – Gehversuche einer milieusensiblen Kirche*. Im Auftrag des Arbeitskreises »Pastorale Grundfragen« des »Zentralkomitees der Deutschen Katholiken«, Würzburg 2008
- Michael N. Ebertz und Bernhard Wunder (Hg.), *Milieupraxis – Vom Sehen zum Handeln in der pastoralen Arbeit*, Würzburg 2009
- Heinzpeter Hempelmann, *Gott im Milieu. Wie Sinusstudien der Kirche helfen können, Menschen zu erreichen*, 2., erweiterte Auflage Gießen 2012
- Wolfgang Huber, Johannes Friedrich und Peter Steinacker (Hg.), *Kirche in der Vielfalt der Lebensbezüge. Die vierte EKD-Erhebung über Kirchenmitgliedschaft*, Gütersloh 2006
- Christoph Müller, *Taufe als Lebensperspektive. Empirisch-theologische Erkundungen eines Schlüsselrituals*, Praktische Theologie heute 106, Stuttgart 2010
- Claudia Schulz, Eberhard Hauschildt und Eike Kohler, *Milieus praktisch. Analyse- und Planungshilfen für Kirche und Gemeinde*, Göttingen 2008
- Claudia Schulz, Eberhard Hauschildt und Eike Kohler (Hg.), *Milieus praktisch II. Konkretionen für helfendes Handeln in Kirche und Diakonie*, Göttingen 2010
- Regina Sommer, *Kindertaufe. Elternverständnis und theologische Deutung*, Praktische Theologie heute 102, Stuttgart 2009
- Birgit Weyel und Michael Meyer-Blanck, Kapitel »Die Kirchenmitglieder – Milieus in der Kirche«, in: dies., *Studien- und Arbeitsbuch Praktische Theologie*, Göttingen 2008, 72–82

b) Werkbücher, Material- und Ideensammlungen zur Taufe

- Arbeitsgemeinschaft Missionarische Dienste (Hg.), *Erwachsen glauben. Missionarische Bildungsangebote. Grundlagen – Kontexte – Praxis*, Gütersloh 2011
- Judith Augustin und Heinz Behrends (Hg.), *Taufe und Tauferinnerung. Aktionen, Projekte, Feiern* (mit CD-ROM), Göttingen 2010
- Fritz Baltruweit und Günter Ruddat, *Gemeinde gestaltet Gottesdienst. Ein Arbeitsbuch*, Bd. 2: *Taufe, Konfirmation, Trauung, Beerdigung*, Gütersloh 2000
- Peter Barz und Bernd Schlüter (Hg.), *Werkbuch Taufe* (mit DVD), Gütersloh 2009
- Erhard Domay (Hg.), *Taufe. Gottesdienste, Ansprachen, liturgische Texte, Ideen zur Gestaltung*, Gottesdienstpraxis Serie B, Gütersloh 2004
- Erhard Domay (Hg.), *Arbeitsbuch Kasualien. Texte, Themen und Motive zur Taufe, Konfirmation, Trauung und Beerdigung*, Gottesdienstpraxis Serie B, Gütersloh 2008, 7–55
- Willi Hoffsümmer, *68 Taufansprachen mit Symbolen. Für verschiedene Lebensalter*, Ostfildern 2009
- Frank Maibaum, *Das Taufbuch. Die christliche Taufe verstehen und kreativ mitgestalten*, Kiel ^{4}2011
- Gerhard Mellinghoff, *Die Taufe. Entwürfe, Erfahrungen, Predigten, Gebete*, Göttingen 1994

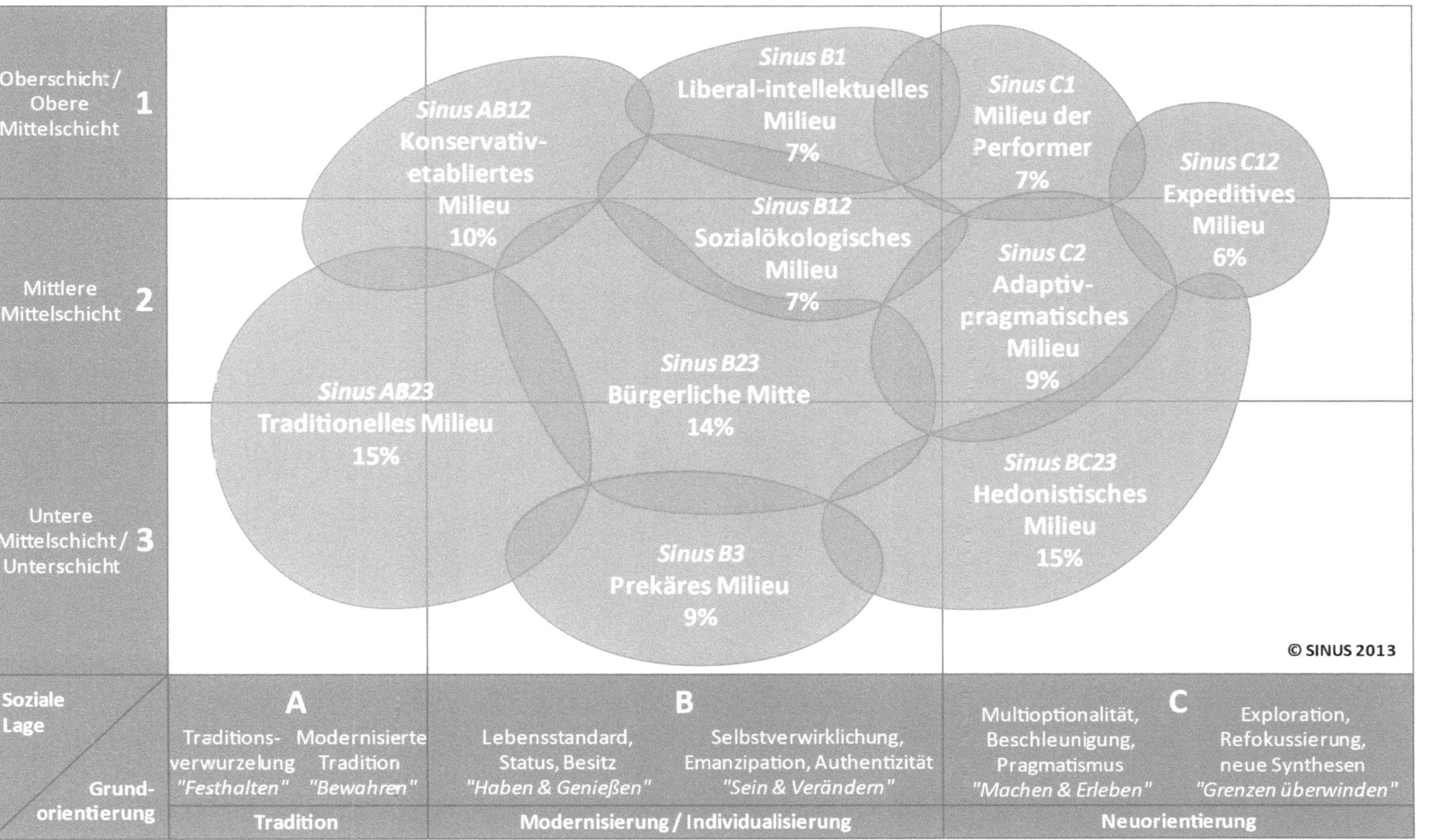

Die Sinus-Milieus® in Deutschland 2013
Soziale Lage und Grundorientierung
Oberschicht / Obere Mittelschicht 1
Mittlere Mittelschicht 2
Untere Mittelschicht / Unterschicht 3
Sinus AB12 Konservativ-etabliertes Milieu 10%
Sinus B1 Liberal-intellektuelles Milieu 7%
Sinus C1 Milieu der Performer 7%
Sinus C12 Expeditives Milieu 6%
Sinus B12 Sozialökologisches Milieu 7%
Sinus C2 Adaptiv-pragmatisches Milieu 9%
Sinus AB23 Traditionelles Milieu 15%
Sinus B23 Bürgerliche Mitte 14%
Sinus BC23 Hedonistisches Milieu 15%
Sinus B3 Prekäres Milieu 9%
© SINUS 2013
Soziale Lage
Grund-orientierung
A
Traditions-verwurzelung "Festhalten"
Modernisierte Tradition "Bewahren"
B
Lebensstandard, Status, Besitz "Haben & Genießen"
Selbstverwirklichung, Emanzipation, Authentizität "Sein & Verändern"
C
Multioptionalität, Beschleunigung, Pragmatismus "Machen & Erleben"
Exploration, Refokussierung, neue Synthesen "Grenzen überwinden"
Tradition
Modernisierung / Individualisierung
Neuorientierung